19,90 Eur

Peter Spangenberg

Sternenglanz und Regenbogen

Peter Spangenberg

Sternenglanz
und Regenbogen

Geschichten für Klein und Groß
zu den Fragen des Lebens

Mit Bildern von Rüdiger Pfeffer

Kreuz

Für meine Frau

Inhalt

Vorwort	7
DIE SCHÖPFUNG BEWAHREN	9
Watteweiche Wolke – wolkenweiche Watte	10
Die vier Schlangen	16
Momme und die Muschelfrau	22
Der Graue Wüterich	28
Für alle gleich	35
MENSCHEN	37
Kasimir und Benjamin	38
Der schwarze Elch	45
Lena	56
Der Clown	61
Fünf glatte Steine	65
Große Wirkung	66
Gespräch der Kleinen	67
Über die Zeit	69
Der Zwerg	72
GLAUBE, HOFFNUNG, LIEBE	73
Der Hauch der Steinschwestern	74
Glauben	88
Die drei Seelen	89
Die Vögel und die Lilien	90
Die Goldene Kugel	93
Der Mann und das Schiff	102
Alte Boote	112
Bedeutung	114
Trostloser Trost	115
Nur weil jemand auf der Bettkante saß	117

KRIEG UND FRIEDEN 121
Der mohnrote Reiter 122
Der Traum des Hasen 127
Der schwarze Rabe 129
Die Fabel von der kleinen Melodie 131
Der Stein der tanzenden Fische 133
Fragezeichen 135
Noch ist es Zeit 136
Der Fanatiker 138
Warum die Giraffen einen langen Hals haben 140
Der Traum 144
Wo ist Noah? 146
Nicht gewollt 148

AUF DER SUCHE NACH ERFÜLLUNG 149
Lisas Engel 150
Dennoch-König und Trotzdem-Hirt 207
Wider die Angst 209
Die Kerze 211
Warum Gott, der Herr, das Böse duldet 213
Der Zaubertraum 214
Der verlorene König 234
Erinnerung 238

DEUTEHILFEN 239

Vorwort

Such dir ein Märchen,
fall in einen Traum
und kehre zurück in eine neue Wirklichkeit.
Das ist kein Zauber, aber ein Wunder.

So habe ich meine Fabeln, Märchen und Geschichten geschrieben. Ich habe dabei immer Menschen, vor allem Kinder, vor Augen gehabt, die nach Erkenntnis suchen, nach Halt, Orientierung, nach Hoffnung und Obhut, nach Sinn und nach Gott.

Dann loderte im Winter der Bullerofen, und wir lasen und lasen und hörten und horchten und sprachen und träumten und wachten auf und lächelten.

Meine Texte haben durchweg einen Wirklichkeitsbezug, einen Erfahrungshorizont, verwandeln sich dann aber in Fantasie und Traumgestöber. Ich merkte, dass Kinder das mögen: Sie steigen mit auf die Wolke, sie suchen nach der goldenen Kugel, sie verlieben sich in den Traumfänger, sie leben mit Lisa unter Zwergen und Puppen. Das ist eine reiche innere Welt.

Ich möchte mit diesem Lesebuch nicht zum Ausstieg aus der Welt ermuntern, sondern zum Einstieg in die Wahrheit einladen. Deswegen sind es religiöse Geschichten, die sich am Ariadnefaden des Glaubens festmachen, um aus dem Labyrinth der Alltagsprobleme heraus zu finden in die Freiheit, in der die Seele durchatmen kann.

Peter Spangenberg

Die Schöpfung bewahren

Staunen, Dankbarkeit, Versöhnung, Geheimnis, Gewissen, Verantwortung, Gerechtigkeit, Hoffnung.
Das sind Stichworte für Verliebte, für Menschen, die in die Schöpfung verliebt sind und den lästerlichen Umgang mit ihr beklagen.

»Ich will die Geschenke des Schöpfers rühmen und weiter erzählen. Gott gab den Impuls, und seine Werke entstanden. Sie haben ihre Bestimmung über alle Zeiten hinweg. Grundsätzlich kann der Mensch an ihnen nichts ändern. Alle Wunder der Schöpfung sind eine einzige Pracht. Ich kann nur staunen vor dem Licht des Himmels. Die Sonne sagt den Tag an und ist ein Wunder des Schöpfers. Der Mond entspricht ihr und hat seine eigene Zeit. Die ungezählten Sterne sind wie Ornamente auf dem Himmelsteppich. Alles bekam vom Schöpfer seine Ordnung. Der bunte Regenbogen ist seit Menschengedenken glanzvolles Symbol für den Frieden. Die Naturgewalten wirken nach den Gesetzen der Schöpfung. Im Meer, auf dem Land und in der Luft wimmelt es von einmaligen Tierarten. Alles Leben kommt aus dem Wort des Schöpfers. Er ist das Leben. Deshalb soll der Mensch Loblieder anstimmen auf den Spender des Lebens und den Gestalter der Schöpfung.«

(Nach Jesus Sirach 42 und 43)

Watteweiche Wolke – wolkenweiche Watte

8 Minuten, ab 4 Jahren

»Das ist doch nicht möglich. Das ist doch nicht möglich.«

Katharina blinzelte in die Sonne und rieb sich die Augen.

Nein, das konnte nicht möglich sein. Denn um sie herum war nur Watte, nichts als Watte. Sie saß in einer Wolke, watteweich war die Wolke, und wolkenweich war die Watte. Über ihr strahlte die Sonne, es war eine weiße, gelbe, rote, feuerrote, schneeweiße Sonne an einem hellen, blauen, roten, grünen und gelben Himmel.

»Das ist doch nicht möglich.«

Sie rieb sich die Augen. Aber das Bild blieb, und sie saß auf der watteweichen Wolke unter der feuerroten schneeweißen Sonne.

»Ich habe Hunger«, dachte Katharina. »Ich habe Durst«, dachte sie.

Als hätte sie es gehört, so segelte die watteweiche Wolke nun steil hinunter durch die wolkenweiche Watte.

Als sie auf der Erde angekommen war, stieg Katharina aus der Wolke und sagte:

»Wartest du auf mich?«

»Ich warte«, sagte die Wolke und machte sich ganz klein, denn sie brauchte ja später wieder Kraft, um sich aufplustern zu können. Wolken plustern sich immer auf.

Katharina stand auf einer Wiese. Das war ein fremdes Land, schoss es ihr durch den Kopf. Auf der anderen Seite der Wiese sah sie einen großen schwarzen Bären.

Sie ging näher. Sie hatte keine Angst. Der Bär hatte gute Augen. Außerdem saß er gemütlich auf seinem dicken Po und kaute Beeren. Wenn Bären Beeren kauen, sind sie immer gemütlich.

»Gibst du mir was ab?«, fragte Katharina.

Der Bär reichte ihr einen Zweig mit vielen wohlschmeckenden Beeren, wie sie sofort feststellte. Dann kraulte sie ihm den Pelz.

»Hinterm Kopf auch«, brummte der Bär. Da kraulte sie ihn auch hinter dem Kopf. Als sie mit dem Kraulen fertig war, sagte der Bär: »Setz dich auf meinen Rücken, ich muss dir was zeigen.«

Katharina sprang auf seinen Rücken, hielt sich im dichten Pelz fest, und ab ging der Ritt in langen Sätzen, durch den silbernen Fluss hindurch bis an eine Höhle. Katharina stieg ab und folgte dem großen Bären in die Höhle. Da sah sie ganz hinten zwei Bärenkinder. Die sahen wundervoll aus. Lustige Augen hatten sie, und sofort begannen sie, mit Katharina zu spielen.

Katharina war glücklich.

Der Bär ging hinaus. Bald kam er mit einem rohen Lachs wieder. Katharina sollte davon essen. Aber der Lachs war ihr zu eklig. Da war der Bär traurig. Katharina überwand sich, als sie das sah, und aß ein kleines Stückchen von dem rohen Lachs.

Als sie genug gespielt und gegessen hatten, schwang sich Katharina vor der Höhle wieder auf den Rücken des großen Tieres.

Es dauerte nicht lange, da waren sie bei der Wolke angekommen.

»Erzähl zu Hause«, sagte der Bär mit tiefer Stimme, »dass du im Land der Bären und der Indianer gewesen bist. Vergiss uns nicht, wenn du groß bist.«

Dann gab er Katharina einen zärtlichen Kuss mit der kalten Schnauze, leckte einmal über ihre Hand mit seiner langen Zunge und trollte sich.

Katharina stieg in die Wolke. Die plusterte sich auf, und bald waren sie wieder hoch über der Welt.

Wieder schoss die watteweiche Wolke durch die wolkenweiche Watte, und die feuerrote Sonne glitzerte schneeweiß.

»Das ist herrlich«, jubelte Katharina, »das ist herrlich«, und leise sang sie das Lied von den Ponys auf dem Immenhof.

»Ich muss mal«, flüsterte Katharina. »Ich muss dringend mal.«

Da glitt die watteweiche Wolke steil durch die wolkenweiche Watte und landete auf der Erde.

Als Katharina ausgestiegen war, entplusterte sich die Wolke wieder, weil sie ja Kräfte sparen musste.

Katharina setzte sich unter eine Schirmakazie, weil sie ja mal musste.

Als sie fertig war, hörte sie ein Geräusch. Sie stand auf, ging um den Baum herum und stand vor einem Zebra.

»Steig auf«, sagte das Zebra, »steig auf.«

Katharina hatte keine Angst. Sie stieg auf.

Nun begann der Ritt, mitten durch die Savanne, durch das heiße Grasland. Neben einer Giraffe hielt das Zebra an.

»Steig um«, sagte das Zebra zu Katharina. Katharina stellte sich auf den Rücken des Zebras und kletterte auf die Giraffe. Was war das für ein herrliches Tier!

»Jetzt kannst du alles von oben sehen«, sagte die Giraffe und trug das Mädchen mit langen federnden Schritten durch halb Afrika.

Als sie am großen See angekommen waren, staunte Katharina; denn viele Tiere hatten sich versammelt.

Katharina stellte sich auf den Rücken der Giraffe, hielt sich an ihrem langen Hals fest und konnte nun zusehen, was die Tiere ihr zuliebe taten.

Die Affen schlugen Purzelbäume, die großen Schlangen machten Schlängeleien, die Löwen löwten sehr laut, die Elefanten tanzten Polka, die Webervögel webten für Katharina ein kostbares Tuch, die Wasserbüffel büffelten, als ob sie in der Schule säßen, Schakale und Hyänen machten ein Wettrennen, und die riesigen Geier segelten eine Geierformation hoch oben in der Luft.

Katharina lachte laut und freute sich. All die Tiere konnte sie verstehen.

Da sagte die Giraffe: »Erzähl zu Hause, was du erlebt hast. Vergiss uns nicht. Viele Menschen vergessen uns.«

Dann drehte sie um und lief in weiten Schritten bis zum Zebra.

Katharina glitt von der Giraffe auf das Zebra, das wieherte auf und trug Katharina in gestrecktem Galopp bis zu der Wolke.

»Danke«, konnte Katharina noch sagen, »danke.« Dann war das Zebra fort.

Als Katharina wieder in der Wolke saß, plusterte die sich wieder auf und stieg diesmal langsam auf den warmen Winden der Savanne höher und höher, bis sie durch die wolkenweiche Watte drang und der Sonne ins Auge sehen konnte.

»Ich bin müde«, dachte Katharina. Das hörte die Wolke und ging tiefer, wieder durch die wolkenweiche Watte, bis die watteweiche Wolke unten auf der Erde war.

Katharina stieg aus. Dann schlief sie ein.

Als sie aufwachte, suchte sie ein frisches Wasser, trank und fand auch etwas zu essen.

Da stand plötzlich ein Känguru vor ihr und sagte: »Komm, kleines Mädchen, komm in meinen Beutel. Ich zeige dir unser Land.«

Katharina kroch vorsichtig in den wunderbar weichen Kängurubeutel, und ab ging's in weiten Sprüngen.

Unterwegs machten sie halt. Da saß ein kuscheliger Koalabär und rief: »Mädchen, Mädchen, komm, wir spielen.«

Katharina stieg aus, und nun begann ein lustiges Versteckspiel. Immer um die Bäume herum, hinter den Büschen entlang und weiter und weiter.

Katharina wurde müde. Sie stieg wieder in den Beutel, und das treue Känguru brachte sie zur Wolke zurück.
»Erzähl zu Hause, was du erlebt hast. Vergiss es nicht.«
»Nein, das vergesse ich nicht«, rief Katharina, stieg in die Wolke und winkte zum Abschied.
Das Känguru klapperte mit den kurzen Vorderbeinen.
Die watteweiche Wolke plusterte sich wieder auf und stieg durch die wolkenweiche Watte hoch in den Himmel.
Katharina schlief tief, sie spürte den Wind nicht, sie sah nicht die feuerrote schneeweiße Sonne, sie schlief, als sie plötzlich eine Stimme hörte: »Katharina, Katharina!«

Sie wachte auf,
sie lag in ihrem Bett,
und der Tag begann.

Die vier Schlangen
11 Minuten, ab 10 Jahren

Seit Menschengedenken hängt der Traum von Gerechtigkeit in einer zerbrechlichen Schale von Hoffnung am großen Baum der Ewigkeit.

Das wusste der alte Mann, der auf der Bank vor der Stadt saß und grübelte. Sein Leben lang war er auf der Suche nach dem Traum gewesen. Überall hatte er von ihm gehört, aber niemand wusste genau, wo er zu finden sei. Er hatte auch Menschen angetroffen, die viel von Gerechtigkeit wussten, ja die zu erzählen verstanden, was es mit ihr auf sich habe. Stets hatte er aufmerksam zugehört; denn er war der Meinung: Je mehr man von etwas weiß, um so dichter ist man dran. So war es ja auch sonst, wenn er ein Geschäft oder eine Kneipe gesucht hatte oder wenn er den Scherenschleifer suchte oder den Wanderzirkus. Immer hatte man ihm geholfen, wenn er gefragt hatte. Nur bei der Gerechtigkeit, so wollte es scheinen, war er keinen Schritt weiter gekommen. Dabei sprachen sie alle von ihr, schrieben ihren Namen auf große Plakate und in fromme Bücher, redeten beim Bier oder auf dem Feld darüber.

Als er so seinen Gedanken nachhing und die Lichter der Stadt in der Dämmerung zu ihm herüber leuchteten, setzte sich die alte Frau zu ihm. Nach einer Weile des Schweigens wandte er sich ihr zu und fragte, was sie denn suche.

»Ich suche nichts. Ich habe mein Recht gefunden.«

»*Mein* Recht«, fuhr er ärgerlich auf, »alle reden von ihrem Recht.« Nein, *die* Gerechtigkeit suche er, die eine Gerechtigkeit, die, die für alle gelte, für die Kleinen und die Großen, für die Zwerge und für die Riesen und für die Schneeglöckchen und für die Zebras und für das Wasser, ach, überhaupt für alles. Ob sie das denn verstehe?

»Natürlich verstehe ich das«, flüsterte die Alte. »Ich habe auch lange gesucht. Einmal traf ich sie, so dachte ich wenigstens, bei einem berühmten Schauspieler. Doch ich hatte mich getäuscht. Er ließ sich die Gerechtigkeit bezahlen. Dann traf ich sie bei einem Politiker. Aber der war bestechlich. Und so ging es weiter, immer weiter, bis ich schließlich nur noch daran dachte, wie ich mein Recht finden könnte.«

»Nur wenn du stirbst, Alte«, sagte der Mann verdrießlich, »nur wenn du stirbst.«

»Wenn das so ist, kann ich ja gleich einen Vertrag mit dem Teufel machen«, begehrte die Frau auf. »Aber das will ich nicht, nein, das will ich nicht.«

»Seit Menschengedenken hängt der Traum von Gerechtigkeit in einer zerbrechlichen Schale von Hoffnung am großen Baum der Ewigkeit«, sagte der Mann und sog an seiner Pfeife.

»Ja, wenn das so ist«, meinte die Frau, »warum pflücken wir ihn dann nicht, wir beide, wir sind doch alt genug, um jede Gefahr zu kennen und um jeder Versuchung zu widerstehen.«

»Das habe ich auch gedacht«, warf der Alte ein, während er dichte Wolken in die klare Luft blies. »Das habe ich auch gedacht. Nein, wir sind zu alt und zu schwach. Denn wer die Gerechtigkeit pflückt, der muss nicht nur Gefahren bestehen, der muss sie auch für ein Menschenleben lang in Obhut nehmen, siehst du: So ...«

Bei diesen Worten legte er seine beiden großen Hände wie Schalen aneinander, um in Schutz zu nehmen, was sein Herz sich so wünschte.

»Dann brauchen wir eben Hilfe«, widersprach die Frau dem Mann.

»Wir suchen uns Menschen, die stark genug sind.«

»Das ist es ja eben: Stark müssen sie sein, aber sie dürfen nicht zu den Starken gehören.«

»Dann suchen wir eben auch Große.«

»Das ist wieder so: Groß müssen sie sein, aber sie dürfen nicht zu den Großen gehören.«

So sprachen sie noch eine kleine Zeit dahin und fingen gegenseitig die Gedanken auf wie Nussschalen, die man auf ein Wasser setzt, um ihnen nachzuschauen.

Längst war es ganz dunkel geworden. Die Stadt glomm herüber wie aus tausend Augen, die beiden Alten fröstelten. »Der Traum von Gerechtigkeit wird bewacht«, meinte der Mann unvermittelt.

»Das weiß ich«, sagte die Alte hüstelnd, »bewacht von vier Schlangen.

Von der ersten, die im Sumpf der Selbstsucht lebt.

Von der zweiten, die den Morast der Gewalt bewohnt.

Von der dritten, die sich in den Abwässern der Gemeinheit bewegt.

Von der vierten schließlich, die den Vulkan des Hasses beherrscht.«

»Du hast das richtig erkannt«, sagte der Mann, zuckte mit den Schultern, stand auf und meinte: »Lass uns nach Hause gehen. Es ist dunkel und kalt. Morgen treffen wir uns wieder. Dann reden wir weiter.«

Wortlos stand die Alte auf, und sie gingen auf verschiedenen Wegen in die Nacht und in die Gedanken. Das war es also: Man müsste nur jemanden finden, der die vier Schlangen besiegte. Dann würde der Traum von Gerechtigkeit Wirklichkeit.

Am Tag darauf trafen sich die beiden wieder, und jeder hatte eine Idee: Die Frau bestand darauf, sie beide sollten sich auf den Weg machen, um den Traum zu pflücken. »Du siehst ja, was bislang dabei herausgekommen ist«, warf der Mann ein. »Nein, nein, wir schicken vier Menschen, die uns in die Hand versprechen, dass sie reinen Herzens bleiben wollen.«

»Nun gut«, gab die Frau nach. »So wollen wir es tun.«

Da sagte der Mann: »Ich schicke einen jungen Mann gegen die Schlange der Selbstsucht. Er braucht nur Liebe und Vertrauen und dazu eine Portion Geschicklichkeit.«

»Und ich«, warf die Frau ein, »ich schicke eine erfahrene Frau gegen die Schlange der Gewalt. Sie braucht viel Geduld und Freiheit. Das Übrige wird sich finden.«

»Ich schicke einen Pfarrer gegen die Schlange der Gemeinheit. Der braucht viel Glauben und eine Portion Tapferkeit.«

»Und ich«, fügte die Alte hinzu, »ich schicke ein Kind gegen die Schlange des Hasses. Es wird seine Unschuld brauchen und ganz viel Zärtlichkeit. Wir werden sehen.«

So verabredeten es also die beiden aus ihrer Weisheit, schmunzelten vergnügt über ihren Plan, verabschiedeten sich und versprachen, im kommenden Jahr zu Ostern wieder auf dieser Bank sitzen zu wollen, um zu berichten, was aus ihren Traum-Boten geworden sei.

So geschah es, dass ein junger Mann in das Leben zog, um die Schlange der Selbstsucht zu besiegen. Er besaß so viel Vertrauen und Liebe, dass ihm nicht bange war. Er wurde ein angesehener Arzt. Bald wurde er bekannt als Arzt der Armen, und sein Ruf drang ins ganze Land. Doch bald machte sich der Teufel in Gestalt der Schlange Selbstsucht an ihn heran, bot ihm Stellung und Geld, Einfluss und Macht. Nur kurz widerstand der junge Doktor der Versuchung, dann aber erlag er der Verlockung, schnell reich werden zu können.

Als der alte Mann, der ihn auf den Weg geschickt hatte, in die Praxis kam und sagte, er habe leider kein Geld (das sagte er nur, um den Arzt auf die Probe zu stellen), wurde ihm die Tür gewiesen, und er wusste, dass der Arzt im Sumpf der Selbstsucht steckte.

So geschah es dann auch, dass eine Frau sich auf den Weg gegen die Schlange Gewalt machte. Sie besaß viel Geduld und ebenso viel Freiheitssinn. Da verkleidete sich der Teufel in die Schlange Gewalt, machte der Frau verlockende Angebote, wie man sich viel schneller die Macht über Leben und Tod aneignen könne, und auf ein paar Menschenleben käme es schließlich nicht an.

Als die alte Frau, die sie auf den Weg geschickt hatte, sie besuchen wollte, gleich nebenan, nur zwei Türen weiter, traf sie auf Menschen mit Strumpfmasken vor dem Gesicht und Waffen in den Händen. Da wusste sie, dass die Frau im Morast der Gewalt zu Hause war.

So geschah es dann auch, dass sich ein Pastor auf den Weg zur Gerechtigkeit machte. Viel Glauben brachte er mit, um den Kampf mit der Schlange Gemeinheit zu bestehen. Aber der Teufel, der ein glänzender Kenner des Wortes Gottes ist, verkleidete sich diesmal so geschickt, dass der Gottesmann nicht einmal bemerkte, wie er sich bald in den Abwässern der Gemeinheit befand, indem er andere verketzerte, offen oder insgeheim zur Hölle wünschte und tagein, tagaus den lieben Gott spielte, indem er über Leben und Tod befand.

Als der alte Mann eines Tages den Pastor aufsuchte, weil er Rat und Brot brauchte, stieß er auf Ablehnung und Kälte und musste sich obendrein die Bemerkung gefallen lassen, die Kirche sei arm und habe nichts zu verschenken.

Inzwischen hatte die alte Frau das Kind auf den Weg in den Kampf gegen den Hass geschickt. Das Kind nahm all seine Unschuld und seine Zärtlichkeit mit. Schritt für Schritt kam es weiter. Wenn es auf andere Kinder traf, schlossen die sich an, sie spielten und sangen, pflückten Blumen zu Sträußen und tanzten viele Tänze, erzählten Geschichten und Träume rund um die Welt. Und sie spielten, alle Spiele der Menschheit spielten sie und kümmerten sich nicht um Grenzen und Hautfarbe, nicht um Sprache und Geld.

Als die alte Frau sich unter die Kinder mischen wollte, wehrten sie ab: »Du bist schon zu alt, Mütterchen, setz dich hin, hör zu, was wir singen, sieh zu, was wir spielen.« Da wusste die Alte, dass sie den richtigen Weg gewählt hatte. Die Schlange des Hasses war besiegt.

Als es Ostern wurde, trafen sich die beiden wieder auf der Bank.

»Ich hab' es gewusst«, sagte der Mann, »ich hab' es gewusst. Der Traum von Gerechtigkeit hängt immer noch in der zerbrechlichen Schale der Hoffnung am großen Baum der Ewigkeit.«

»Und ich hab' es geahnt«, schmunzelte die Alte, »ich hab' es geahnt: Der Traum von Gerechtigkeit spiegelt sich längst in den Augen der Kinder. Längst: Wir haben es nur nicht wahrhaben wollen.«

»Aber die drei anderen Schlangen?«, überlegte der Mann.

»Wir werden warten«, sagte die Frau, »wo ein Vulkan erlischt, fließt auch keine Lava mehr.«

Momme und die Muschelfrau

12 Minuten, ab 6 Jahren

Den ganzen langen Winter hindurch hatte sich Momme nach dem Frühling gesehnt. Im November hatte es dichten, diesigen, dunklen Winter gegeben, der die Tage versperrte, als läge ein Tuch über der Welt. Im Dezember, ja sogar zu Weihnachten, blieb es regnerisch und kühl, aber doch warm genug, dass sich die Vögel ihr Futter selber suchen konnten. Mommes kleiner Freund, der Zaunkönig aus der großen Hecke, kam nur ab und zu an die Hauswand, um nach Spinnen zu suchen. Im Januar war viel Sturm. Das Reetdach hob und senkte sich. Der Februar war nicht viel besser gewesen. Schneeglöckchen hatten vorwitzig ihre Köpfe herausgeschoben, und ein Frosch hatte sich in das kleine Treibhaus verirrt.

Momme hatte die Mutter gefragt, wo man den Frühling suchen könne. »Immer nach Süden«, hatte sie geantwortet, dann käme ihm der Frühling in Schwärmen entgegen.

Darüber hatte er nachgedacht. Er beschloss, den Frühling zu suchen, um ihn einzuladen, so bald wie möglich in das Dorf zu kommen. Jeder konnte ihn gebrauchen: der hustende Nachbar, die Lämmer auf dem Deich, der Zaunkönig an der Hauswand, die Kinder auf der Straße und er selbst natürlich, Momme, weil er die Sonne so liebte und die Blumen. So bat er seinen Freund, den Zaunkönig, ihn auf der Frühlingssuche zu begleiten. Der war schnell bereit, und so zogen die beiden los.

»Guten Morgen, wer seid denn ihr?«, fragte Momme, als er die große Schar der weißgefiederten Vögel sah.

»Wir sind die Singschwäne«, antwortete ein Altvogel. »Was suchst du denn?« »Ich suche den Frühling.« »Dann schließ ein paar Augenblicke deine Augen. Momme schloss die Augen und hörte, wie der mächtige Singschwan sich in die Lüfte erhob und mit lautem Schrei seine Freunde aufforderte, es ihm nachzutun. Da war plötzlich ein Gesang am Himmel, so wild und so schön, dass Momme die Augen öffnete und staunte:

Die Singschwäne lagen weiß über dunklen Wolken, vor denen in gleißender Sonne ein herrlicher Regenbogen gespannt war, der von einer Seite der Erde bis zur anderen reichte. Kurz entschlossen kletterte Momme auf den Regenbogen, machte es sich hoch oben auf dem tiefsten Rot bequem und suchte mit den Augen den Himmel nach dem Frühling ab. Der kleine Zaunkönig saß auf seiner Schulter und fror. »Lass uns weitergehen«, sagte er, »mir ist es zu kalt.«

Momme glitt am Regenbogen wieder herunter. Der große Singschwan ließ sich neben ihm nieder und fragte:

»Hast du den Frühling gesehen?«

»Nein, ich habe ihn nicht gesehen«, sagte Momme, »außerdem war es ungeheuer kalt.«

Aber er bedankte sich bei dem Schwan, und dann zogen sie weiter. Sie gerieten an einen alten Turm. Weil sie Schutz suchten vor der Kälte, betraten sie das alte gruselige Gemäuer. Seltsame Gestalten hingen an Decke und Balken.

»Wer seid ihr?«, wollte Momme wissen. Keine Antwort.

»Wer seid ihr?«, rief er laut.

»Ruhe da unten!«, schrillte eine helle Stimme. »Wir sind Fledermäuse und wollen schlafen. Was willst du?«

»Ich suche den Frühling und mein Freund, der Zaunkönig, auch.«

»Dann musst du erst die Nonnengänse finden, und die werden dir sagen, wo die Muschelfrau ist.«

»Wer?«, fragte Momme erstaunt. Aber er erhielt keine Antwort; denn der Fledermäuserich war sofort wieder eingeschlafen, mit dem Kopf nach unten.

Hungrig und enttäuscht zogen die beiden Freunde weiter. Es dauerte nicht lange, da fanden sie die seltenen Vögel.

»Seid ihr die Nonnengänse?«

»Stimmt«, erwiderte die Leitgans.

»Und ihr könnt mir sagen, wo ich die Muschelfrau finde?«

»Sicher doch! Geh nur immer dem Wind nach, und wenn die Sonne dreimal aufstrahlt, bevor sie zu Bett geht, bist du am Ziel.«

Mehr sagte sie nicht. Momme bedankte sich, und sie zogen weiter. Es war nicht schwer, dem Wind nachzugehen, und der Zaunkönig machte seine Kunststücke unterwegs. Nach Stunden stand die Sonne niedrig. Die beiden Freunde waren am Ufer des Meeres angekommen. Dicht am Wasser entdeckte Momme einen Einsiedlerkrebs, der vorwitzig aus dem angemieteten Gehäuse einer Wellhornschnecke schielte. Mit seinen Fühlern schien er Momme ein Zeichen geben zu wollen. Der Zaunkönig hatte das längst bemerkt und verstanden, flog zum trockenen Priel und setzte sich auf eine große Muschel.

»Komm her«, piepte er, »komm her, ich hab's, ich hab' das Geheimnis.«

Momme lief schnell hin und warf einen Blick auf die untergehende Sonne. Richtig, da hatte sie einmal aufgestrahlt. Dreimal musste das geschehen. So jedenfalls hatten es die Nonnengänse gesagt.

Momme hockte sich hin, der Zaunkönig blieb auf der Muschel sitzen, und die beiden wandten keinen Blick von der glutroten Sonne.

»Da! Ein zweites Mal!«, rief Momme begeistert, und der Zaunkönig schlug mit den Flügeln Beifall.

Da war es, als bekäme der Himmel ein Loch. Momme blieb der Mund offen stehen vor lauter Staunen. Eine solche Pracht hatte er noch nie gesehen. Zwischen dichten dunklen Wolken brach es wie Feuer hervor. Glut schien aus dem Horizont zu strömen, und der strahlende Streifen machte das Meer hell und aufregend. Die beiden Freunde konnten sich nicht satt sehen.

»Da wird wohl der Frühling geboren«, sagte der Zaunkönig.

»Meinst du wirklich?«, fragte Momme. »Ist der Frühling denn so groß?«

»Der Frühling muss so groß sein«, besserwisserte der kleine Vogel, für den alles groß war, war er selber doch so winzig.

Das mächtige Schauspiel am Himmel wuchs weiter. Wolkenreiter rasten über das Wasser, zackige Bilder entstanden, Möwen schoben sich vor das Feuer, und die Sonne kroch wie auf einer Leuchtspur an den Strand. In diesem Augenblick strahlte sie ein drittes Mal auf. Momme musste die Augen schließen vor dem gleißenden Licht. Ja, jetzt musste der Frühling zur Welt gekommen sein, dachte er.

Da sprang unter dem Zaunkönig die Muschel auf. Nur ein leises Knicks-Knacks hatte es gegeben. In der Muschel lag eine ganz kleine Frau, die einen kostbaren Pelz trug und sich streckte und räkelte, wie Momme es morgens immer tat, wenn die Mutter ihn weckte. Als die strahlende Glut des Himmels noch einmal wie eine streichelnde Hand über das Wasser huschte, glitzerte die kleine Frau in der Muschel, stand auf, zupfte Momme am Hosenbein und sagte: »Da bin ich also! Du hast mich gesucht. Jetzt nimm mich mit und geh nach Hause.«

»Bist du denn der Frühling?«, fragte Momme enttäuscht: »Ist der Frühling nicht viel größer?«

»Warte ab«, sagte die kleine Frau; denn Momme wusste ja noch nicht, dass er in der Muschel den größten Zauber der Welt entdeckt hatte.

»Wo soll ich dich denn hinbringen?«, fragte er betreten.

»Nimm mich nur mit«, sagte die Kleine leise.

Da erlosch die Sonne plötzlich, dunkle Wolken hatten sich zu einem dicken Vorhang verdichtet, der ablandige Wind pfiff etwas Sand in das perlige Wasser, Momme fror, und der Zaunkönig kroch ihm unter den Schal.

So machten die beiden sich auf den Heimweg, während Momme die Muschel fest umschlossen hielt. Nach mühseligem Weg kamen sie an die Stelle, wo sie die Nonnengänse getroffen hatten. Tatsächlich saßen die noch da, aber mit eingezogenem Schnabel und hochgezogenem Bein.

»Was hast du gefunden?«, fragte die Leitgans.

»Hier, nur diese Muschel«, erwiderte Momme und hielt sie der Gans entgegen. Da strahlte die Muschel, leuchtete und spie Funken, als hätte sie das Feuer am Himmel eingefangen.

»Das ist der Frühling!«, schrie die Gans, und ihr Ruf ging durch die ganze große Zahl. Da erhoben sich die Gänse und flogen unter lautem Geschnatter davon. Ähnlich erging es Momme und dem Zaunkönig auch bei den Fledermäusen, die nun wussten, dass eine neue Zeit gekommen war. Die Singschwäne trafen sie schon nicht mehr an; die waren längst unterwegs zu den Balz- und Brutplätzen. Nachdenklich besah sich Momme noch einmal die Muschel, die nicht aufgehört hatte, zu glänzen und zu strahlen. Nur die kleine Frau sah er nicht mehr. Traurig setzte er sich an den Wegrand und besprach alles mit dem kleinen Zaunkönig.

»Weißt du«, sagte Momme, »wir waren losgegangen, um den Frühling zu suchen. Alle, die wir trafen, sind nun unterwegs, und ich sitze hier mit einer glitzernden Muschel.«

»Halt sie an dein Ohr«, wisperte der Zaunkönig, »halte sie nur an dein Ohr.«

Momme tat es fast widerwillig; aber kaum hatte er es getan, als er ein wundervolles Rauschen vernahm, so schön und so klar, als sei in ihm das ganze Leben versammelt; als stürzten sich alle Bergbäche zugleich in die Tiefe oder als sängen alle Meere der Welt zugleich ihre Melodie. Momme schloss die Augen, öffnete sie wieder und erkannte im Gezweig der niedrigen Weiden die Frau im Pelz, wie sie zwischen Kätzchen und Wasserperlen ihm zulächelte.

Fröhlich sprang Momme auf, warf sich etwas von dem eiskalten Wasser ins Gesicht, dass es nur so sprühte, und entdeckte dabei im Spiegel des kleinen Baches sein eigenes Gesicht. »So sehe ich also aus, weil ich den Frühling gefunden habe.« Der Zaunkönig tat es ihm nach und plusterte mit den Federn, dass es nur so eine Art hatte.

Als sie beide nach vielen Liedern wieder zu Hause angekommen waren, trafen sie auf der Straße den alten Nachbarn, der immer so finster aussah.

»Hallo, Opa Jan«, rief Momme, »hör mal!« Mit diesen Worten hielt er ihm die Muschel an das Ohr, und der Mann nahm die Pfeife aus dem Mund, horchte den Klängen der Schöpfung hinterher und lächelte.

Kurzerhand nahmen sie das Lächeln mit ins Gedächtnis und stießen wenig später auf Frau Katerborn, die immer so böse drohte. Auch ihr hielt Momme die Muschel ans Ohr. Da schlug die Frau die Hände vors Gesicht und weinte, weil sie sich an früher erinnerte. Auch die Tränen steckte Momme ins Gedächtnis, weil sie so schön waren.

Danach verabschiedete sich der kleine Zaunkönig von Momme und flog wieder an die Hauswand. Hungrig war er, und bald würde es ans Nestbauen gehen. Da brauchte er Kraft. Momme wachte benommen auf.

»Aufstehen!«, sagte die Mutter. »Draußen ist Frühling.«

»Das weiß ich doch«, sagte Momme, »das weiß ich doch, ich habe ihn ja schließlich geholt.«

Die Mutter schüttelte den Kopf. Momme aber sah in seine leere Hand. Die Muschel war verschwunden. »Macht nichts«, dachte er, »draußen ist Frühling«, und er erinnerte sich an das Lächeln und die Tränen.

Der Graue Wüterich
Ein Märchen über die Hoffnung

11 Minuten, ab 8 Jahren

Tal der bunten Felder! So nannten die Menschen jenes kleine Stückchen Erde, das sie wie ihr Paradies liebten. Weite Wiesen kuschelten sich an den Hang, und im Frühjahr blühte der fette Löwenzahn, dass es nur so eine Pracht war. Abends stand der Mond verträumt über dem Waldrand, und tagsüber lagen wogende Kornfelder im Sonnenschein, wenn der Sommer flimmerte. Viele schöne Tiere lebten dort, und die Kinder des Dorfes waren es, die sich nicht satt sehen konnten an den tausend schillernden Farben.

Malte bestaunte gern die Kornblumen. Manchmal saß Angelika lange vor einem bunten Schmetterling und flog in Gedanken die gaukelnden Bögen mit. Ab und zu meinten die Kinder, sogar die Sprache der Pflanzen und Tiere zu verstehen; so sehr lebten sie mit ihnen.

Hans versuchte, die Rede der Eulen zu übersetzen, und lockte den alten Uhu, indem er beide Hände aneinander legte und den Schrei der Nachteule in der Dämmerung täuschend ähnlich nachmachte. Oft lag er lange auf dem knorrigen Baum, bis er seinen gefiederten Freund entdeckte.

Die Menschen lebten gut in ihrem Tal und dankten dem Schöpfer für seine Güte. Die Leute standen früh auf, taten tagsüber ihre Arbeit, aßen gern und viel und hielten Feierabend mit Liedern und Geschichten.

Das Tal der bunten Felder wurde berühmt, und viele kamen, um das heimliche Paradies zu sehen. Dabei ging es dort gar nicht so friedlich zu. Die Dorfjungen prügelten sich gern. Zank und Streit gab es in den Häusern auch. Aber was war das alles gegen das wunderbare Land und die vielen Freunde in der Natur?

Eines Tages lag Hans dösend unter seinem Lieblingsbaum und hielt eine Blume in der Hand. »Wundervoll bist du!«, dachte er und drehte das bunte Wunder hin und her. Da rauschte es in der Luft, und der Uhu setzte sich auf den dicken Ast.

»Hans!«, schnarrte der Vogel, »unser Tal ist in Gefahr.«
»Warum ist unser Tal in Gefahr?«
»Ein Riese kommt und will es verwüsten.«

Hans sprang auf, rief Malte und Angelika und erzählte ihnen von der Botschaft des wachsamen Vogels. »Wer ist der Riese?«, fragte Malte. »Woher kommt er?« Aber darauf wussten sie keine Antwort.

Die Kinder baten das Volk der großen roten Waldameisen um Hilfe. Die braven Tiere versprachen, ihr Bestes zu tun. Doch mit ihren kleinen Beinen kamen sie nur bis an den Rand des Tales und kehrten unverrichteter Dinge wieder zurück. »Wir haben den Riesen nicht gesehen!«

Die Kinder bedankten sich bei den treuen Tieren und hielten Rat. Da bat Angelika die Schmetterlinge um Hilfe. Diese brachen sofort auf; denn die Sonne schien warm. Doch bei Sonnenuntergang kehrten die Schmetterlinge enttäuscht zurück. Ein Windstoß hatte sie jenseits des Waldrandes durcheinander gewirbelt. »Wir haben keinen Riesen gesehen«, sagten sie und legten sich schlafen.

Malte meinte, sie sollten sich nun an die Fische wenden. Als sie am Bach angelangt waren, baten sie einen alten Wels um Hilfe.

»Ein Riese, der das Tal zerstört?«, fragte der. Der Wels war sehr freundlich und versprach, sein Fischmögliches zu tun.

Die Kinder mussten lange warten, bis die Fische zurückkamen. Aber was war nur geschehen? Die meisten hatten Flecken an den Flossen und eine schmierige Schicht auf den Schuppen.

»Wir haben den Riesen getroffen«, klagte der Wels.

»Wir haben uns verbrannt. Wir haben uns vergiftet. Der Riese hat seine Augen überall.« So sprach der alte Wels und schwamm mit müden Bewegungen in die Tiefe.

Die Kinder besprachen nun, was zu tun wäre, und beschlossen, die Vögel zu bitten, das Reich des Riesen auszukundschaften. Mit Hilfe der Nachtigall gelang es, alle Vögel des Tales auf den Weg zu schicken. Hunderttausende waren es.

Nach langen Zeiten kamen sie zurück, ließen sich erschöpft nieder, sahen grau und dreckig aus und ließen die Flügel hängen. »Wir haben den Riesen gesehen«, flötete die Nachtigall mit einem hässlichen Krächzer in der Stimme. »Es ist der graue Wüterich. Wen er ansieht, der stirbt eines langen und qualvollen Todes. Wo er hintritt, erstirbt alles Leben. Wen er anbläst, der wird grau und alt.«

Die Kinder erschraken: »Gibt es denn keine Möglichkeit, den grauen Wüterich aufzuhalten?«

Während sie so sprachen, stapfte der Riese über die Hügelkette ins Tal. Die Kinder sprangen entsetzt auf und liefen in das kleine Dorf zurück. Malte rief: »Der graue Wüterich! Der graue Wüterich!«

Doch niemand hörte auf ihn. Angelika weinte laut: »Der Riese kommt! Der Riese kommt! Alles, was er berührt, wird sterben.«

Doch niemand achtete auf sie. Hans schrie: »Der graue Wüterich! Die Tiere haben es gesagt!«

Doch niemand schenkte ihm Glauben. Im Tal der bunten Felder war es wie überall: Die großen Leute geben nichts auf die Gedanken von Kindern, geben nichts auf die Klage von Tieren und Pflanzen.

Inzwischen war der Riese mitten im Dorf. Er hatte sich dicht neben der Kirche niedergelassen, und alsbald verlor die alte Linde alle Blätter. Der Pastor hatte den schwarzen Rock angezogen und den grauen Wüterich feierlich begrüßt. Die Kinder weinten, aber die großen Leute brachten dem Riesen kostbare Geschenke, verneigten sich tief und flüsterten ergeben: »Herzlich willkommen.« Denn jeder hoffte auf bessere Zeiten, obwohl die Zeiten nie schlecht gewesen waren. Nur eine steinalte Frau kicherte: »Ihr werdet sehen! Ihr werdet sehen!«

Der graue Wüterich hielt eine Ansprache, und die Leute klatschten begeistert; nur die Kinder hielten sich hinter der Mauer versteckt. Sie mussten immer wieder an die Worte der Tiere denken.

Es dauerte nicht lange, da beherrschte der Riese schon das ganze Tal. Die Wege waren allesamt grau, die Häuser waren grau. Die Menschen trugen graue Kleidung, die Luft war grau. Bald hieß es: »Das ist das graue Tal.«

Das Schlimmste aber war: Der Wüterich hatte sich eine Burg gebaut, eine richtige Festung. Aus dicken, langen Schornsteinen stieg grauer Qualm, der sich in dichten Schwaden über Dorf und Tal legte. Die Menschen wurden krank, husteten, wurden schwach und verlernten das Lachen. Den Kindern schien es, als hätte der graue Qualm viele Wüterich-Gesichter, sodass sie Angst bekamen. Sie liefen zu den Tieren. Aber der alte Wels war inzwischen gestorben. Viele andere Fische auch. Die meisten Vögel waren ausgewandert. Es gab nur noch ganz wenige Schmetterlinge. Der graue Wüterich hatte in kurzer Zeit fast alles vernichtet. Selbst die Seelen der Menschen und ihre Gesichter waren grau geworden. Es fielen viele böse und harte Worte; denn sie hatten vom Riesen gelernt, nur an sich selbst zu denken.

Angelika sprach mit der Nachtigall. Die sagte ihr, man müsse Hoffnung säen. Hoffnung sei das Einzige, womit man dem grauen Wüterich beikommen könne.

Angelika sprach mit Malte und Hans darüber. Mittlerweile war der graue Wüterich mächtig gewachsen und lag fett und grau über dem Land.

Kirche und Häuser hatten Risse bekommen, und die Felder sahen vernachlässigt aus. Manchmal verschwamm alles im grauen Dunst. Wenn der Wüterich gähnte, flogen die letzten Blätter von den Bäumen. Entfuhr ihm gelegentlich ein Furz, mussten sich die Leute ihre schmerzenden Augen reiben. Hustete er, bekamen Menschen und Tiere schreckliche Angst. Riss er das Maul auf, verbeugten sich die Leute und waren bemüht, den grauen Alltag zu vergessen.

Die Kinder beschlossen, dem Rat der Nachtigall zu folgen. Hoffnung wollten sie säen. Inzwischen wussten sie auch, wie das anzustellen war. Zuerst sollten die Dohlen zur Festung des Riesen fliegen und siebenmal tausend Nester bauen. Die Tiere sammelten Zweige von den Bäumen und bauten siebenmal tausend Nester in den Schächten und Löchern, in Fenstern und Röhren der Festung.

Das geschah nachts, und der graue Wüterich merkte nichts davon. Als er am Morgen aufwachte und wie üblich laut und lange gähnen wollte, reichte die Luft nicht, sodass er bald erstickt wäre. Sogleich befahl er den grauen Menschen, die Dohlennester zu entfernen. Das nun dauerte viele Tage, und der graue Wüterich wurde in dieser Zeit schwächer. Die Leute aber lachten heimlich, und Lachen ist etwas, was Riesen gar nicht leiden können. Ein Wüterich lacht nicht.

Als der Riese dachte, er könne sich erholen, machten sich auf Bitten der Kinder alle Mäuse auf den Weg zur Festung. Sie sollten siebzigmal tausend Löcher nagen. Unbemerkt vom grauen Wüterich und seinen grauen Wachen gelangten die Mäuse in die Festung und nagten siebzigmal tausend Löcher. Als der Riese am andern Morgen erwachte und sich an den Tisch setzen wollte, brachen dessen Beine zusammen. Voller Wut setzte er sich in den großen Regierungssessel. Der aber knackte unter ihm und ging zu Bruch. Da brüllte der Wüterich auf und rief um Hilfe. Aber keiner kam; denn die grauen Leute hatten die Festung fluchtartig verlassen. Da brach der graue Wüterich zusammen, klagte und heulte, wie das Riesen eben tun, wenn sie allein sind und niemanden haben, der ihnen gehorcht.

Am Rand der zerstörten Festung aber stand ein kleines Himmelschlüsselchen. Das läutete und läutete. Langsam verzog sich der graue Dunst, und die Sonne wagte einen glühenden Blick auf das kahle Tal. Da kamen die Menschen aus ihren grauen Häusern, sammelten Farben der Erinnerung und bemalten Türen und Wände. Die Kinder aber liefen auf das Feld, klatschten in die Hände und riefen die Tiere zurück.

Die Saat der Hoffnung ging auf. Die Kinder setzten einen Gedenkstein, als der graue Wüterich das Tal verlassen hatte. Sie wollten, dass sich die Menschen an sein Bild erinnerten. In roter Schrift stand geschrieben: »Die Nachtigall machte aus dem Riesen einen Zwerg!«

Ich habe das Tal der bunten Felder besucht. Die Nachtigall singt wieder.

Für alle gleich
Ab 10 Jahren

Mir gehört das Land!,
sagte der Mensch,
trotzdem ist das Leben
für alle gleich:

Du, sagte er zum Bären,
du bewohnst die Felsen dort hinten.
Da kannst du leben.
Und du, sagte er zum Adler,
du bewohnst die Höhen
noch über dem Bären.
Da lässt sich leben.

Du, sagte er zum Wolf,
du hast dein Revier
in dem Stück Wald
gleich neben dem Fluss.
Und du, sagte er zum Delphin,
du kannst im südlichen Teil
des Wassers leben.
Das genügt,
und du wirst glücklich sein.

So verteilte der Mensch
nach und nach die Lebensräume
für seine Geschwister.
Als er alles geregelt hatte
und in Ordnung fand,
stellte er sich auf einen Hügel
und rief laut:

Seht ihr, so kann jeder leben.
Es ist für alle gleich!
Na gut, sagte der Bär,
wenn es denn für alle gleich ist,
dann lass uns tauschen.

Menschen

Leben, Welt, Zeit, Zivilcourage, Lachen, Heiterkeit, Tod, Hoffnung.
Das sind Stichworte für Verantwortungsbewusste, für Menschen, die aus dem Wort zur Antwort finden und aus der Antwort zur Verantwortung.

»Großer Gott, dein Name durchzieht Leben, Welt und Zeit wie eine strahlende Leuchtspur.
Selbst Neugeborene und kleine Kinder zeigen dich als Spender des Lebens und Herr der Zeit.
Wenn ich deine Schöpfung bestaune, allein schon das wundervolle Firmament mit all seinen Lichtern:
Was ist dann der Mensch, dass du dich ihm zuwendest, und ein kleines Kind, dass du es in deine Obhut nimmst. Du hast uns Menschen zu Verantwortungsträgern gemacht, indem du uns deine Schöpfung anvertraust.
Ich kann es nicht fassen, mein Gott.«

(Nach Psalm 8)

»Lauft nicht hinter den materiellen Dingen her, verausgabt euch nicht durch falsche Gier. Hebt nicht unnütz ab von eurem Lebenskonto. Seht die Vögel unter den Wolken; sie leben nach ihrer Bestimmung und damit ganz in der Liebe ihres Schöpfers. Seht die Anemonen im Frühling. Sie leben nach ihrer Bestimmung. Selbst der reichste und modisch gekleidete Mensch kommt an ihre Schönheit nicht heran.
Ihr Menschen: Ihr seid doch viel mehr als Pflanzen und Tiere. Begreift ihr denn nicht, dass der Sinn des Lebens viel tiefer liegt?«

(Nach Matthäus 6)

Kasimir und Benjamin
Das Märchen vom großen und kleinen Clown

12 Minuten, ab 8 Jahren

In der großen Stadt waren die Leute so anders geworden. In alten Zeiten hatte man gern Feste gefeiert, hatte Nachbarn eingeladen, hatte getanzt und getrunken, hatte sich gegenseitig auf die Schultern geklopft und viel gelacht. Aber jetzt waren die Leute in der großen Stadt so anders. Dabei war die Stadt immer prächtiger geworden. Lange breite Straßen durchzogen das Häusermeer. Die Fassaden der Gebäude glänzten in Kupfer und Glas. Eilig schoben sich Tausende von Menschen am dicken Rathaus vorbei. Andere standen lange vor der riesigen alten Kirche, und wieder andere strömten in das Fabriktor und wieder heraus.

So ging es tagaus und tagein. Die Menschen hatten die Zeit verloren und mit ihr auch das Lachen. Ernst waren sie geworden und hart. Ihre Herzen schienen aus Stein. Sie wussten kaum mehr, worüber sie sich freuen sollten und sahen nicht, wie der Turmfalke das Gemäuer umsegelte, hatten keinen Blick für die glitzernden Tropfen des Springbrunnens, wenn die Sonne über ihm brütete, hörten nicht, wenn die Amsel schlug.

In der großen Stadt waren die Leute eben anders geworden. In der alten Zeit war man auf der Straße stehen geblieben, hatte gegrüßt oder freundlich einen guten Tag und einen guten Weg gewünscht. Jetzt aber, wo die Zeit verloren gegangen war und das Lachen, jetzt lief jedermann seinen Weg, hielt den Kopf gesenkt und benutzte gar den Ellenbogen, wenn es ihm nötig schien. Selbst die Kinder hatten das Spielen verlernt. Statt dessen übten sie Schreien und Treten und Prügeln, und viele von ihnen schlichen sich heimlich in die Paläste der größten Straßen und stahlen, was dort in den

Auslagen lockte. So kommt es wohl immer, wenn man die Zeit verliert und das Lachen.

Da berief der Bürgermeister eine Versammlung ein. Als die Ratsherren am Tisch saßen, begann der Bürgermeister seine Rede: »Es steht schlimm um unsere Stadt! Das wissen wir alle. Was können wir tun?«

»Wir sollten einen Erlass herausgeben«, meinte der Kaufmann, »einen Erlass, dass jeder eine Abgabe zu leisten hat, mit der wir ein großes Vergnügungsgelände kaufen können. Da wird Leben sein, und die Menschen werden von nah und fern kommen. Wir werden viel Geld einnehmen, und danach wird man weitersehen.«

Viele klatschten Beifall, andere schüttelten bedenklich den Kopf. Der Fabrikbesitzer meldete sich zu Wort: »Wir müssten einen Hafen bauen und einen Flugplatz. Unsere Stadt muss interessant werden für Menschen aus der ganzen Welt.«

Viele klatschten Beifall, andere schüttelten bedenklich den Kopf. Da stand der Lehrer auf, rückte die Krawatte zurecht und begann: »Wir brauchen eine Rahmenordnung, und vor allem müssen die Menschen wieder lernen, und ganz besonders bin ich für die Einrichtung eines Ausschusses, der langfristig darüber nachdenkt, ob man sich zu Vorarbeiten der Planung entschließen sollte.«

Viele klatschten Beifall, andere schüttelten bedenklich den Kopf. Nun erhob sich der Pastor, der einen dicken Bauch hatte, und hielt eine feierliche Ansprache: Man müsse sich endlich darüber, weil es ja auch kaum anders, immerhin aber längst bekannt, und für jedermann sowieso, allerdings auch ohne größere Einsicht, wenngleich die Geschichte zeige, dass sich hier und jetzt und allzumal auch mit Eifer … An dieser Stelle verschluckte er sich. Viele schüttelten bedenklich den Kopf, und andere klatschten Beifall.

Spät in der Nacht war man immer noch zu keinem Entschluss gekommen und wusste doch nur zu gut, dass die

Leute in der großen Stadt so anders geworden waren, weil sie die Zeit verloren hatten und das Lachen. Da stand der alte Johann auf, der immer den Wagen des Bürgermeisters kutschierte, spuckte seinen Priem in die Ecke des kostbar getäfelten Sitzungssaales und meinte knapp: »Ich hole Kasimir und Benjamin.«

Wen er da holen wolle, wollte man wissen. Aber der alte Johann, auf den eigentlich nie jemand so recht Acht haben wollte, lächelte nur schlau mit seinen gelben Zähnen, drehte sich um und verließ kichernd den Raum. Die vornehmen Herren blieben verwirrt zurück, schlossen die Sitzung wie immer und trafen sich anschließend zum Bier wie immer und gingen sehr spät zu Bett wie immer, um anderntags wichtig zu sein wie immer.

Inzwischen hatte sich der alte Johann auf den Weg gemacht, um Kasimir und Benjamin in die Stadt zu holen. Johann erinnerte sich an Kasimir, weil beide lange Jahre zusammen Matrosen auf einem großen Schiff gewesen waren. Wenn damals schlechte Stimmung an Bord war, hatte Kasimir immer für Lachen gesorgt. Johann hatte ihn oft gefragt, wie er das denn anstelle. Aber Kasimir hatte stets nur gütig gelächelt und gesagt: »Das ist mein leiser Zauber.« Leiser Zauber, genau das hatte er gesagt. Johann hatte seinen alten Freund später etliche Male als bunten Clown auf manchem Markt erlebt und wusste auch, dass er mit seinem kleinen Enkel Benjamin zusammenarbeitete.

Suchen ist eine Sache, Finden eine andere. Aber Johann wusste, wie man Kasimir finden konnte: Immer den Schwalben nach und dann gegen 7.00 Uhr scharf links abbiegen unter der Voraussetzung, dass das Korn duftete. Es dauerte auch nicht lange, da sah der alte Johann die Schwalben, wie sie nach Norden zogen, um den Frühling auszuzwitschern. Er humpelte hinterdrein und nahm bald den Duft der jungen Kornfelder im Tau wahr. Da zog er seine alte Armbanduhr aus der Tasche, es war 7.00 Uhr, und er bog scharf links ab. Als er zwei Lächeln lang gegangen war, sah er sie am Waldrand: Kasimir und Benjamin.

Der alte Clown hatte sich festlich herausgeputzt, seine rote Nase glühte, das karierte Hemd flatterte vorwitzig unter dem Frack, die weiten Pluderhosen beulten sich über den langen Lackschuhen, und die weißen Handschuhe bewegten sich zärtlich und elegant hin und her; denn Kasimir blies Seifenblasen, eine schöner und bunter als die andere. Immer wenn eine davonsegelte, watschelte der alte Clown mit komischen Bewegungen hinterher, um sie einzufangen, was ihm nie gelang. Da musste der alte Johann laut lachen, was er lange nicht mehr getan hatte; denn in seiner großen Stadt waren die Menschen ja so anders geworden, weil sie die Zeit verloren hatten und auch das Lachen.

Der kleine Benjamin, der fast genauso aussah wie der große Clown, saß am Grabenrand, hielt einen großen Strauß von Pusteblumen in der Hand und blies mit aller Kraft hinein. Da segelten die kleinen weißen Watteflocken in den Morgen hinein, und Benjamin jubelte vor Vergnügen, wenn er ihnen nachlief, ohne sie zu erwischen.

Als sie sich begrüßt hatten ohne viele Worte, wie es unter guten alten Freunden üblich ist, aßen sie Speck und Schwarzbrot zum Frühstück und machten sich auf den Weg zur großen Stadt. Kinder hatten die Nachricht zum Bürgermeister gebracht, dass der alte Johann mit dem großen und dem kleinen Clown auf dem Weg zum Marktplatz war. Eilig hatte der Bürgermeister allen Ratsherren Bescheid geben lassen, dass etwas Außergewöhnliches bevorstünde, und wie ein Lauffeuer ging es durch die Häuser und Straßen. Die Leute mit den steinernen Herzen blieben stehen, die Kinder hörten auf mit dem Treten und Schlagen und ließen fallen, was sie gerade in den Palästen stehlen wollten, und alle bestaunten die seltsamen drei, wie sie ihren Einzug hielten in der Stadt und auf dem Markt.

Inzwischen waren viele Menschen gekommen, und es

wurden immer mehr, weil sie wohl dachten, es gäbe eine Sensation. Die Fensterputzer stiegen von den Leitern, der Bankdirektor legte den goldenen Stift hin, die Autofahrer stellten den Motor ab, Vögel kamen herbeigeflogen und setzten sich auf Drähte und Kandelaber. Die Ratsherren hatten sich ernst und feierlich aufgestellt, als wollten sie einen König begrüßen oder einen Präsidenten.

Alle waren gespannt; denn dies, was hier geschah, war nicht wie immer, sie hatten sich auf nichts vorbereiten können wie sonst, und keiner sollte eine Rede halten wie sonst. Tausend Menschen hatten sich sicher versammelt, und alle schwiegen. Ganz leise war es auf dem großen Marktplatz, nur der Wind sang im Gestänge des Springbrunnens.

Da kamen sie: Voran schritt der alte Johann, jedermann machte ihm verlegen und ehrerbietig Platz. Das hatte er noch nie erlebt. Selbst der Bürgermeister verneigte sich etwas vor seinem alten Fahrer. Ein wunderbares Gefühl war das, dachte der Alte und spuckte seinen braunen Tabak in hohem Bogen in die Menge, einfach so, und niemand schimpfte. So kamen sie bis an die große Freitreppe, und bedächtig, beinahe andächtig stieg Kasimir Stufe um Stufe hinauf, bis er oben stand und wie unter einer schweren Last gebückt verharrte, bis der kleine Benjamin bei ihm angelangt war.

Da stand er nun, wirklich ein König, wirklich ein Präsident, der alte Clown Kasimir. Langsam, ganz langsam streckte sich seine Gestalt, bis er aufrecht stand, und dann sah er sie an, die tausend Menschen mit den steinernen Herzen, mit den erloschenen Augen, ihrem verlorenen Lachen und der verlorenen Zeit. Dann hob er den kleinen Benjamin auf die Balustrade. Mit kleiner hilfloser Gebärde winkte Benjamin. Einige Kinder winkten zurück, und auch der Lehrer winkte. Aber alle schwiegen. Der alte Johann sah zu den beiden hinauf und dachte: »Das sind meine Freunde! Aber was werden sie tun?«

Kasimir hob die Hand, als wolle er irgendein Zeichen geben. In diesem Augenblick setzte sich ein bunter Schmetterling auf seinen ausgestreckten Zeigefinger, und Kasimir lächelte, lächelte so schön, dass nun auch die tausend Menschen lächelten, und lächeln – das ist ja leise, wie alle Wunder dieser Welt leise geboren werden. Dies war ein Wunder, dachte der alte Johann, der nun sah, wie Kasimir tief in die Tasche griff und seinen Seifenblasenstab herausholte. Mit dem Schmetterling auf dem Zeigefinger hielt er das kleine Gefäß mit dem bunten Zauber und begann nun zu blasen, zu blasen, zu blasen, und die Seifenblasen flogen in die Menge, die Menschen reckten ihre Hände, um die kunstvollen Gebilde zu fangen. Dabei kamen sie in Bewegung, ins Straucheln, ins Torkeln, ins Tanzen und ins Lachen, und sie lachten und lachten, während Kasimir seine Seifenblasen blies, die immer größer wurden.

Da öffnete Benjamin seinen großen Koffer und holte tausend Pusteblumen heraus, in die er nun blies, sodass die weißen Flocken übermütig in die Menge flogen. Das war ein Leben, die steinernen Herzen wurden weich, die verloschenen Augen bekamen Glanz, das verlorene Lachen kam zurück, und alle hatten Zeit, ganz viel dicke, runde, fette Zeit, die man jetzt nur ernten müsste, ohne zu zögern.

Es war schon ein komisches Bild, als plötzlich Lehrer und Pastor miteinander tanzten, als Bürgermeister und Fabrikbesitzer aus vollem Halse sangen. Niemand aber achtete auf Kasimir und Benjamin. Der alte Clown blies mit aller Kraft. Aber es war zu viel für ihn. Während die Menge lachte, tanzte und sang, brach er lautlos zusammen und starb.

Nur der alte Johann hatte es gesehen, ging die Treppe hinauf, führte den kleinen Benjamin zum toten Kasimir, erlebte Augenblicke lang die ganze Trauer eines langen Lebens, sah, wie das Kind unter der dicken Schminke weinte, nahm dann den Seifenblasenstab und blies. Auch Benjamin blies unter Tränen seine Pusteblumen in die Luft.

Die Menschen aber waren glücklich und befreit. Das Fest dauerte an. Als man sich spät am Abend nach Kasimir, Benjamin und dem alten Johann umsah, wusste niemand, wo sie geblieben waren. Lange fragte man noch nach ihnen, ließ sie suchen, fand sie aber nicht. Doch das Wunder blieb in der Stadt und mit ihm das Lachen und auch die Zeit.

»So hatte es Kasimir gewollt«, sagte der alte Johann zu Benjamin; denn er trug nun das Kostüm des alten Clowns. Kein Mensch merkte es.

Der schwarze Elch
Ein Märchen von der wiedergefundenen Vergangenheit

20 Minuten, ab 10 Jahren

Jeden Abend trat der schwarze Elch aus dem dichten Forst an das seichte Wasser, um seinen Durst zu stillen. Viele Jäger hatten immer wieder versucht, das große Tier zu erlegen. Aber es schien, als habe der schwarze Elch einen besonderen Sinn für alle ihm drohende Gefahr. So unterhielt man sich in den Herbergen des Landes mit wachsendem Respekt über das kluge Tier. Der König hatte einen hohen Preis ausgesetzt für jeden, der ihm den schwarzen Elch brächte – tot oder lebendig!

Da machten sich wieder einmal viele Männer auf, um das edle Tier zu jagen. Sie fragten im Lande umher, wer den Elch gesehen hätte. Einige wollten ihn am großen Fjord gesehen haben. Andere behaupteten, er hielte sich zur Zeit mit etlichen stattlichen Kühen an der Küste auf. Wieder andere meinten, sie hätten ihn zuletzt auf der Hochebene gesehen, zwischen Moos und Gletscher. Einige Jäger taten sich zusammen, weil ihnen inzwischen unheimlich geworden war. Es konnte nicht mit rechten Dingen zugehen.

Unter den Jägern befand sich ein junger Mann, der wohl 21 Jahre zählte und Andreas hieß. Andreas war bekannt für seine traurigen Augen; denn er hatte vor nicht allzu langer Zeit seine Vergangenheit verloren, wie er sagte. Die anderen ließen ihn in Ruhe; denn es war ihnen nicht geheuer in der Gesellschaft eines Menschen, der vorgab, seine Vergangenheit verloren zu haben. Nicht dass er nicht wüsste, wer er war, oder gar vergessen hätte, von wo er kam. Nein, es war anders. Er fühlte insgeheim, dass er sich in der Welt nicht zurecht fand.

Darüber hatte Andreas sich mit seinem Vater zerstritten. Der Vater war ein großer schwerer Mann, der es nicht ertragen konnte, wenn jemand das Leben in Frage stellte. Die Mutter hatte dann oft gegrübelt und geweint. Andreas aber hatte sich mehr und mehr zurückgezogen, war seine eigenen Wege gegangen, immer auf der Suche nach der Vergangenheit, wie er es nannte.

Als ihn eine alte Frau im Wald einmal darauf ansprach, antwortete er: »Ich suche die Quelle des Lebens.«

Die Alte schüttelte verwundert den Kopf und meinte freundlich, er solle sich als Fjordhüter verdingen, dann fände er sicher Zeit, nach der Quelle des Lebens zu suchen.

Andreas gingen die Worte der alten Frau durch den Kopf, wusste er doch, dass es im Lande viele alte weise Frauen gab, die das Leben kannten und um seine Geheimnisse wussten. Deshalb dankte er ihr und machte sich auf den Weg zum Königshof, um sich als Fjordhüter zu verdingen.

Als er bei Hofe ankam, wollte man ihn nicht vorlassen. Von einem, der Fjordhüter werden wollte, wollte man nichts wissen. Als Andreas aber beiläufig sagte, er könne dann besser auf den schwarzen Elch Acht geben, wurde der Oberhofmeister aufmerksam, meldete ihn beim König an, der befahl, den jungen Mann sofort vorzulassen.

Der greise König war ein gütiger Mann und erkannte sofort, dass er es mit einem besonderen jungen Menschen zu tun hatte. Und so kam es, dass er Andreas sogleich als Fjordhüter in seine Dienste nahm, allerdings mit dem Hinweis, ihm, dem König, sei alles daran gelegen, den schwarzen Elch sein Eigen zu nennen. Andreas schwieg dazu, was der König für ein demütiges Einverständnis hielt.

So war es also gekommen, dass Andreas sich in die Schar der Elchjäger begeben hatte, von denen jeder den Preis erringen wollte: einen königlichen Bauernhof zu erwerben für alle Zeiten. Nur Andreas wollte dies nicht und hielt sich deswegen auch abseits von den anderen, wenn sie abends am Feuer saßen und nachdachten, warum ihnen der schwarze Elch wieder einmal entgangen war.

So war es Herbst geworden, und die schweren Stürme kamen ins Land, ließen die Blätter hochwirbeln und die Bäume ächzen. Die Jäger hatten die vergebliche Suche nach dem schwarzen Elch aufgegeben, waren in ihre Dörfer und Hütten zurückgekehrt. Nur Andreas blieb am Fjord, stapelte Holz für den langen Winter, trocknete Fische für die karge Zeit und verbrachte die dunklen Abende mit Schnitzen. Ohne dass er viel darüber nachgedacht hätte, schnitzte er aus einem Stück schwarz glänzender Mooreiche einen Elch. Die Arbeit gedieh so gut, und die kleine Figur nahm sich so wunderschön aus, dass Andreas schließlich an einem stürmischen Novemberabend die große Kerze auf den Tisch stellte und den geschnitzten Elch in alle Richtungen im Licht drehte, dass es nur so eine Freude war.

So ging es in den Winter hinein. Es wurde Weihnachten, die Wälder lagen tief verschneit, und Andreas hatte in seiner Hütte am Fjord einen kleinen Tannenbaum geschmückt, um das Fest gebührend begehen zu können. Am Heiligen Abend kam ein schrecklicher Sturm auf. Der Fjord warf seine Wellen hoch an die Felsen, und der Wind brach alte Kiefern, als wären es Streichhölzer. Andreas saß in der Hütte am lodernden Kamin und dachte an den schwarzen Elch, als er ein schabendes Geräusch an der Tür vernahm. Erst meinte er, es sei ein Ast gewesen, aber als sich das Geräusch wiederholte, nahm er seine doppelläufige Flinte vom Haken und warf den Riegel zurück. Der Sturm riss die Tür auf, und Andreas traute seinen Augen nicht. Draußen stand der schwarze Elch! »Was für ein stattliches Geschöpf!«, fuhr es dem jungen Jäger durch den Kopf, und er hob die Flinte und legte sie auf den Elch an. Aber irgendetwas hinderte ihn, den Abzug durchzuziehen. Er blickte in zwei große traurige Augen und sah das riesige schneebedeckte Geweih. Da brachte er es nicht übers Herz, das schöne Tier zu töten, senkte das Gewehr und wollte wieder in die Hütte treten, als der Elch zu sprechen begann: »Töte mich nicht! Ich kann dir deinen größten Wunsch erfüllen. Aber töte mich nicht.«

Da machte Andreas eine einladende Bewegung, und das große Tier betrat langsam die kleine Hütte, schüttelte im Eingang den Schnee aus dem Haarkleid, stampfte mit den Hufen auf und ging bedächtig bis zum Kamin. Dort ließ sich der Elch auf dem Boden nieder und schlief sofort ein.

Andreas wusste nicht, was nun zu tun sei. Er hatte dem König einen Eid geschworen, den schwarzen Elch tot oder lebendig zu bringen. Er hatte aber auch das große Tier sprechen hören und brachte es nicht über sich, dem schlafenden Elch das Messer ins Herz zu stoßen.

So ging er nach draußen, um Holz nachzuholen. Als er das getan hatte, setzte er Wasser auf, um sich einen schweren Tee zu kochen, in den er Rum tun wollte. Das Feuer loderte im Kamin, das Teewasser brodelte bald gemütlich im kupfernen Kessel, und Andreas bereitete sich so ein schmackhaftes Weihnachtsessen, indem er noch vom geräucherten Schinken ein gehöriges Stück herunterschnitt und vom selbst gebackenen Brot abbrach.

Während der schwarze Elch in tiefer Erschöpfung schlief, genoss Andreas das einfache Mahl und musste an die vielen Weihnachtsabende von früher denken, als es in Mutters Küche nach Anisplätzchen roch. Da trat auch wieder des Vaters Bild vor seine Augen, und er sah den klobigen Mann mit dem dichten Bart sich verstohlen die Augen wischen, wenn Weihnachten war. Und jetzt war Weihnachten. Und er, Andreas, saß in seiner Hütte am großen Fjord und hatte den schwarzen Elch zu Gast. Er schmunzelte bei dem Gedanken, was die anderen Jäger wohl sagen würden, wenn sie

eben gerade zur Tür hereinkämen. Andreas erinnerte sich daran, dass der Vater stets gesagt hatte, gute Menschen könnten zu Weihnachten die Tiere verstehen, wenn es Mitternacht geworden war.

Als er aus dem Grübeln aufblickte, bewegte sich der schwarze Elch, hob den gebogenen Nacken, tat einen tiefen Seufzer, pustete laut aus weit geöffneten Nüstern und rieb seine Schaufeln genüsslich am runden Stein des Kamins.

»Was willst du hier?«, fragte Andreas, der nun endlich die Flinte weggestellt hatte.

»Ich will Ruhe«, antwortete der Elch. »Ich will endlich Ruhe. Monatelang habt ihr mich gejagt. Jetzt kann ich nicht mehr.«

»Hattest du keine Sorge, ich könnte dich töten?«, fragte Andreas.

»Ich hatte keine Sorge«, erwiderte der Elch.

»Aber ich bin ein Jäger«, widersprach Andreas.

»Du bist nur ein Jäger, wenn du davon leben musst.«

Danach erhob sich der schwarze Elch und stand nun hoch aufgerichtet vor dem jungen Mann. Der mächtige Kopf hing tief über dem kleinen Tisch, ein Zittern ging durch das riesige Tier, und beide, Elch und Mann, sahen sich lange an. Andreas schien es eine halbe Ewigkeit. Endlich sagte der Elch: »Und was suchst du?«

»Ich suche die verlorene Vergangenheit.«

»Da kann ich dir helfen«, sprach der Elch freundlich, »aber der Winter muss erst vorüber sein. Danach können wir die verlorene Vergangenheit suchen.«

Von diesem Weihnachtsabend an blieben die beiden beieinander. Andreas ruderte gleich am nächsten Tag zwei Stunden talwärts, wo er in einem kleinen Dorf zehn Ballen Heu für geringes Geld erstand. Auf die neugierige Frage des Bauern, wofür er das denn mitten im Winter brauche, erwiderte Andreas schnell, er füttere das Wild. Aber dort oben am Fjord gäbe es doch keines, warf der Bauer argwöhnisch ein. Es hätten sich einige Rentiere dorthin verirrt, meinte Andreas schnell, und der Bauer könne sein Heu überdies gern behalten, wenn ihm der Kauf nicht behage. Aber das wollte der arme Mann schon gar nicht, da er das Geld dringend brauchte. So ruderte Andreas die kostbare Fracht stolz fjordaufwärts, was Stunden dauerte, da er immer wieder Pausen einlegte. Als er an der Hütte ankam, stand der schwarze Elch schon am Felsen und erwartete den Freund.

Von nun an durchstreiften die zwei tagaus, tagein die dunklen tiefen Wälder, beobachteten nachts die Gestirne und tags Wolken und Schnee. Andreas schlug das Eis auf und fing Fische, während der schwarze Elch die Schneedecke mit den Hufen wegscharrte, um an das Moos heranzukommen. Abends kaute der Elch sein Heu, und der Jäger bereitete sich eine einfache Suppe oder aß Brot mit Speck. Waren sie nachts in der Hütte, dann rückten sie eng zusammen, und Andreas schlief am samtenen Fell des großen Tieres. So ging die kalte Jahreszeit dahin, und der Jäger spürte zum ersten Mal in seinem Leben alle Wärme und Geborgenheit der Welt.

Als die Tage länger wurden und das Eis durch die Kraft der Frühlingssonne mit Donnern barst, sagte eines Abends der schwarze Elch: »Morgen gehen wir.«

Andreas packte den Rucksack, versah die Hütte und seine wenigen Sachen mit großer Sorgfalt und legte sich dann schlafen. Anderntags machten sich beide auf den Weg. Für Andreas sollte es der Weg in die Vergangenheit werden.

Das Heidekraut war noch feucht vom Tau, als die beiden Freunde loszogen. Der schwarze Elch ging voran, so als wolle er alle Fährnisse des Weges voraustasten, damit Andreas auch ja ohne Schaden zum Ziel fände. Da es noch früh im Jahr war, mussten sie abends Schutz in Höhlen oder unter überhängenden Felsen suchen. Dicht aneinandergedrängt verbrachten sie die Nächte, und der Jäger war so stets gewärmt und beschützt. Das riesige Schaufelgeweih des Elchs war eine gute Wehr gegen jeden Feind.

»Warum suchst du die Vergangenheit?«, fragte der Elch.

»Inzwischen weiß ich es selber nicht mehr so recht«, erwiderte Andreas.

»Warum hast du mich nicht getötet?«, fragte der Elch.

»Ich konnte es einfach nicht.«

»Du teilst mit mir dein Nachtlager«, sagte der Elch, »du spürst die Wärme meines Haarkleides, du teilst mit mir die Früchte des Waldes, du gehst mit mir meinen Weg. Warum tust du das?«

»Ich vertraue dir«, sagte Andreas leise. Längst wusste er, dass ihn eine tiefe Freundschaft zu diesem wunderbaren Tier zog.

So war es Mai geworden. Der Elch fand jetzt reichlich Weide und junges Laub an den Bäumen. Andreas fing sich so manches Kaninchen. Sie litten keine Not und gingen unbeirrt ihres Weges. Der König hatte alle Jäger wieder aufgefordert, den schwarzen Elch zu bringen, tot oder lebendig. Zudem hatte er den Befehl gegeben, ihm zu sagen, wo denn der junge Jäger Andreas geblieben sei.

Eines Tages mussten Andreas und der schwarze Elch einen reißenden Bergfluss überqueren. Sie ließen sich vorsichtig ins Wasser, als sie auch schon ein Strudel erfasste und an den harten Felsen schlug. Benommen trieb der Jäger stromabwärts, und der Elch hatte alle Mühe, ihm zu folgen, um ihn zu retten. In einem schäumenden Kessel gelang es ihm, den ermatteten Mann auf das Geweih zu nehmen und am Rand auf das Moos niederzulegen. In diesem Augenblick wurden beide von der Meute der anderen Jäger entdeckt. Einer von ihnen schoss einen Pfeil ab und traf den schwarzen Elch in den Hals.

»Setz dich auf meinen Rücken«, flüsterte das blutende Tier. Das tat Andreas und versuchte dabei, das Tier vom schmerzenden Pfeil zu befreien.

»Lass den Pfeil stecken. Der Weg ist nicht mehr weit«, sagte das Tier.

Andreas war sehr traurig, dass der schwarze Elch so schwer verwundet war. Und zornig war er über die anderen Jäger. Am Abend dieses Tages mussten sie früher Rast machen und nach einer Lagerstatt suchen, weil die Wunde sich entzündet hatte.

So sehr sich Andreas auch mühte, er konnte den Pfeil nicht aus dem Hals des Elchs ziehen. Am anderen Morgen konnte sich das Tier nur mit großer Anstrengung erheben. Die schreckliche Wunde eiterte, und der Hals war geschwollen.

»Lass uns weitergehen«, röchelte der schwarze Elch. Andreas hatte Tränen in den Augen, als er den Freund bergab führte. Mittags suchte er frische Blätter und zarte Rinde, aber der Elch fraß nicht, stöhnte nur leise und stand mit zitternden Flanken. Nach kurzer Rast zogen sie langsam weiter. Die Sonne stand hoch am Himmel, Libellen tanzten träge in der Luft.

»Die Vergangenheit ist weit«, sagte der Elch, »sie ist weit, weil sie sich an ihrem Ende mit der Zukunft trifft.«

Andreas schwieg. Ihm gingen die Gedanken aber sehr nach.

So waren sie wohl an die zwei Stunden gegangen, als der Elch plötzlich aufstöhnte. Der Jäger sah, dass nun auch auf der anderen Seite ein Pfeil im Hals steckte.

»Lass nur«, flüsterte der Elch. »Es hat alles seinen Sinn. Helfen kannst du mir doch nicht mehr.«

»Das war wieder einer der heimtückischen Jäger«, meinte Andreas und stützte das schwankende Tier, dessen Schritte immer langsamer wurden.

»Wir müssen noch bis oben auf die Kuppe des Berges«, flüsterte der schwarze Elch.

»Das schaffen wir nicht mit deinen Wunden.«

»Wir werden es schaffen«, widersprach der Elch. Es

wurde Abend, als sie endlich unter tausend Qualen oben auf dem Berge angelangt waren.

»Du hast deine Hütte mit mir geteilt«, begann der schwarze Elch mit verlöschender Stimme, »du hast mir Obhut gewährt, du hast mich vor den Jägern geschützt, du hast Futter für mich besorgt, du hast mir deine Freundschaft gewährt, du hast mich nicht getötet.«

Andreas konnte nichts sagen, so sehr bewegte ihn das Sterben des treuen Tieres.

»Hier oben auf dieser Kuppe vollendet sich mein Schicksal«, fuhr der Elch fort. »Du musst mir eines versprechen: Wenn ich gestorben bin, drücke mir die Augen zu. Dann wende dich ab, sieh nicht wieder zurück, sondern geh deines Wegs und melde dem König, du habest den schwarzen Elch.«

Der Jäger umklammerte den Hals des Tieres, als wolle er das verrinnende Leben festhalten. Da ging ein Schlag durch den mächtigen Körper, ein dritter Pfeil, von feiger Hand geschossen, hatte das Herz getroffen. Der schwarze Elch brach in die Knie, schlug dann ganz auf die Erde, hob noch einmal die brechenden Augen und starb.

Andreas schluchzte auf, erinnerte sich dann seines Versprechens, drückte dem Tier die Augen zu, stand auf und ging fort, ohne sich umzusehen.

Bald lief die Kunde vom Tod des schwarzen Elchs durch das ganze Land. Der König ließ Andreas den Befehl zukommen, er möge sich unverzüglich bei Hofe einfinden, um die Belohnung in Empfang zu nehmen. Die Leute aber im Lande sprachen nur noch vom schwarzen Jäger, und man munkelte, dort oben auf der Kuppe des Berges sei es nicht mit rechten Dingen zugegangen.

Andreas kümmerte dies alles wenig, war sein Herz doch zu sehr voller Trauer um den verlorenen Freund. Dennoch begab er sich zum Königshof. Als er dort angekommen war, brachte man festliche Kleider, und der schwarze Jäger war alsbald Mittelpunkt des königlichen Festes. Fanfaren bliesen, Schalmeien luden zum Tanz, die Leute waren vergnügt, und allen schmeckte es nach Herzenslust. Nur Andreas stand abseits und schaute mit traurigem Blick ins Land.

Als es Nacht wurde und der Mond am Himmel hochstieg, sah der alte Stallknecht des Königs, wie sich die Gestalt des schwarzen Jägers, der am Baum lehnte, plötzlich veränderte und verwandelte, bis schließlich ein großer schwarzer Elch dort stand, wo eben noch Andreas seinen Gedanken nachgehorcht hatte. Den alten Knecht überkam ein Grausen, er wandte sich ab und verschwieg, was er gesehen hatte. Der Elch aber verschwand lautlos in der Tiefe des Waldes.

Nie wieder hörte oder sah man etwas vom schwarzen Jäger oder gar vom schwarzen Elch.

Aber an der Kuppe jenes Berges steht eine schmucke Hütte. Viele Wanderer finden dort gutes Obdach, Essen und Trinken und sprechen gern mit dem freundlichen Wirt, der viele Geschichten zu erzählen weiß, vor allem über Elche, so als sei er selber einer gewesen. Seine Frau aber sitzt gern auf der Bank, kämmt das lange schwarze seidene Haar und spielt dann mit drei Pfeilen, deren Geheimnis sie niemandem verrät.

Wenn Winter ist, kommen die Elche und kauen das frische Heu, das stets für sie bereit liegt. Dann nimmt der Wirt seine Frau in den Arm, küsst sie und flüstert: »Am Ende der verlorenen Vergangenheit beginnt die Zukunft, wenn man sich liebt.«

Der König hat sie zu Elchhütern ernannt. Er hat gelächelt, als er ihnen die Hand gab.

Lena
Das Märchen vom gläsernen Paradies

10 Minuten, ab 10 Jahren

Lenas Mutter war gestorben. Die arme Frau hatte lange leiden müssen. Nun war sie erlöst – so sagten die Leute im Dorf, und sie hatten das Essen gebracht, wie es nach einer Beerdigung üblich war.

Aber Lena saß nur immer im alten teerigen Boot und träumte auf das dunkle Wasser hinaus. Irgendwo hinter den sieben Weltmeeren musste ihr Vater sein, den sie nie kennen gelernt hatte. Jetzt hatte sie nur noch einen Menschen, den sie lieb haben konnte. Das war der Großvater. Er war schon über siebzig Jahre alt, aber er konnte noch mächtig zupacken, wenn es galt, Holz für den Winter zu sägen. Doch Großvater Arne Randesund sprach nur wenig. So war Lena nach dem Tod der Mutter mit ihren Gedanken allein.

Frühling war es geworden. Auf dem großen Fjord trieben noch Eisschollen, als Lena auf Großvater Arnes Geheiß das alte Ruderboot mit neuer Farbe versah. Die Sonne wärmte das Land. Lena ließ die Beine über den Rand baumeln und schickte die Gedanken über das glitzernde Wasser. Schön müsste es sein, in einer Glitzerwelt zu leben, dachte das Mädchen, und im selben Augenblick sah Lena den kleinen bunten Vogel, der sich unvermittelt auf den Bootsrand setzte und mit kleinen Augen zu dem Mädchen hinsah.

»Du träumst von einer Glitzerwelt?«

»Ja, aber wie kannst du reden?«

»Ich bin der Paradiesvogel!«

»Das glaube ich dir gern«, erwiderte Lena, »du schillerst ja in allen Farben.«

»Warum willst du in die Glitzerwelt?«, fragte der Kleine.

»Ich bin oft so traurig und habe niemanden, der mich wirklich tröstet.«

»Da kann ich dir helfen«, piepste der Paradiesvogel.

»Oh, wenn du das könntest«, schluchzte das Mädchen, und schwere Tränen rannen ihm über das Gesicht.

»Folge mir nur«, forderte der Paradiesvogel Lena auf.

Lena band die Schürze fest, fuhr sich einmal durch das Haar und folgte dem kleinen Vogel, der übermütig und wie im Tanz vorausflog. Zuerst ging es durch den dichten Wald, dann quer über eine Lichtung.

»Von jetzt an darfst du nicht mehr sprechen!«, sagte der Paradiesvogel. »Versprichst du mir das?«

»Ja, das verspreche ich dir.«

»Wenn du dein Versprechen brichst, musst du sterben. Nur wer schweigt, wird die Glitzerwelt sehen.«

Lena war überglücklich und folgte dem Paradiesvogel. Es dauerte nicht lange, da trafen sie ein kleines Kind, das sich verlaufen hatte. Lena wollte es fragen, wie sein Name sei und wo es wohne. Aber da dachte sie an das Versprechen und schwieg. Das Kind hatte große traurige Augen und ballte die kleinen Fäuste vor Zorn, weil Lena nicht half. Dann spuckte das Kind auf den Boden und lief in den Wald. Lena weinte bitterlich.

»Du bist wirklich undankbar«, zeterte der Paradiesvogel. »Ich führe dich in deine Glitzerwelt, und du weinst, nur weil du nicht sprechen darfst. Tu, was du willst, ich bringe dich zu meinem Stiefbruder, dem Paradiesfisch. Der kann dir weiterhelfen.«

So kamen sie nach einer langen Zeit des Schweigens zum Paradiesfisch. Der hatte ein fettes Maul, einen langsamen Blick und trug eine stelzige Krone auf dem grünen Kopf. Der Paradiesvogel erzählte dem Paradiesfisch, was es mit Lena auf sich habe, und flog davon. Es schien, als glühten seine Federn.

»Du suchst die Glitzerwelt«, wandte sich der Fisch an

Lena. »Du suchst das Paradies? Da bist du bei mir richtig.«

»Wenn er nur nicht so hässlich wäre und nicht die seltsame Krone trüge«, dachte Lena; denn sprechen durfte sie ja nicht. Sonst würde sie augenblicklich sterben.

»Komm«, sagte der fette Fisch. »Ich zeige dir den Weg zum Paradies.« Sprach's und rief Lena noch zu, sie würde nun so lange nichts riechen, bis sie am Ziel wären, vorausgesetzt, sie hielte ihr Versprechen.

Lena war's zufrieden, und sie folgte dem Fisch, so gut sie es vermochte. Da kamen sie an ein sauberes Fischerdorf, in dem ein buntes Fest gefeiert wurde. Äpfel wurden gebraten, und frisches Brot wurde gebacken. Wunderbare Düfte strömten durch die Luft. Aber Lena nahm von alledem nichts wahr, konnte sie doch nichts riechen. Eine alte Frau hielt ihr einen großen bunten Feldblumenstrauß unter die Nase.

Als das Mädchen merkte, dass es nichts von dem Duft spürte, wurde es sehr traurig und weinte bitterlich. Die alte Frau aber drohte Lena mit dem Stock und humpelte davon.

»Du undankbares Geschöpf«, japste der fette Fisch, »warum vergießt du Tränen, nur weil du das bunte Zeug nicht mehr riechen kannst?! Ich habe es satt, dich zum Paradies zu führen. Ich überlasse dich meinem Vetter, dem Paradiesfluss.«

Als der vom fetten Fisch hörte, was es mit Lena auf sich hätte, schmeichelte er mit kleinen Wellen: »Vertrau mir nur! Du wirst von jetzt an nichts mehr sehen. Dafür bringe ich dich zum Paradies.«

Augenblicklich wurde es dunkel um Lena, und sie musste sich mühsam den Weg entlangtasten, immer dem Geräusch des glucksenden Flusses nach. Unterwegs stieß Lena sich die Stirn blutig, und kamen sie durch ein Dorf, dann riefen die Leute wohl: »Seht das arme Kind, es ist blind.«

Es dauerte nicht lange, da hörte Lena einen lauten Hilferuf. Doch da sie nichts sah, konnte sie nicht helfen; denn gerade an dieser Stelle tobte und toste der Paradiesfluss gewaltig.

»Jetzt ist ein Mensch ertrunken«, dachte Lena traurig, »nur weil ich nicht reden, nicht riechen und nicht sehen kann.« So saß sie am Fluss und weinte.

»Du undankbares Geschöpf«, brüllte der Fluss strudelnd und schäumte in giftiger Gischt. »Ich will mit dir nichts mehr zu tun haben. Ich übergebe dich meinen Verwandten, den Paradiesäpfeln.«

Als diese hörten, was es mit dem Mädchen auf sich habe, versprachen sie scheinheilig, ihr das ersehnte Ziel zu zeigen; nur könne Lena von nun an nichts mehr schmecken.

»Was soll daraus nur werden«, dachte das Mädchen und folgte dem Geräusch der kullernden und plopsenden Paradiesäpfel, die rotbäckig und kugelrund den Moosgrund hinabkullerten. Unten im Tal trafen sie nach langen Tagen einen armen Mann. Der sah das Mädchen, das nun bis auf die Knochen abgemagert war, konnte es doch seit langem nicht schmecken. Also hatte es auch kaum etwas gegessen.

Als der arme Mann das wenige, was er besaß, mit Lena teilen wollte, sah sie es nicht, roch es auch nicht. Da wurde der arme Mann böse und schlug auf das weinende Mädchen ein.

»Ich habe doch keine Schuld«, dachte Lena. Aber die Paradiesäpfel wurden zornig, schimpften, nannten das Mädchen ein undankbares Geschöpf und sagten, sie würden es nun ihrer Stiefmutter, dem Paradiesgärtlein, übergeben.

Nichts von aller Pracht konnte Lena wahrnehmen. Nur hören konnte sie, wie das Paradiesgärtlein raunte: »Willkommen, kleines Mädchen, du sollst es gut haben, fast bist du am Ziel. Deine Entbehrungen finden ihren Lohn.«

Lena freute sich über diese Worte. »Ich will ausruhen!«, dachte sie. Aber das Gärtlein sprach: »Du sollst nun nichts mehr fühlen, gar nichts mehr.«

»Vielleicht ist das nun das Paradies?«, überlegte Lena.

Jener Ort, wo nichts mehr Schmerzen macht und nichts mehr Kummer! Langsam tastete sie sich durch all die bunten Wunder, von denen sie keins erleben konnte.

Da bedeutete ihr das Gärtlein, dass sie nun am großen Tor angelangt wären. Gleich dahinter läge die Paradiesfrucht. Wenn sie diese genösse, würde sie nichts mehr hören, aber die Augen würden ihr aufgehen.

Lena schleppte sich mit letzter Kraft durch das Tor, tastete nach der Frucht, führte sie behutsam zum Mund, biss hinein, ihre Ohren verschlossen sich, und ihre Augen taten sich auf.

Welch ein Wunder! Aber was war das? Da standen Tausende, Millionen von gläsernen Kästen. In jedem hockte oder stand ein Mensch. Auch Kinder waren dabei. In manchen erkannte sie Gesichter aus ihrem Dorf.

Das also war die Glitzerwelt! Das war das Paradies. Eingesperrt in gläserne Kälte. Keiner sprach mit dem andern. Keiner konnte riechen, schmecken, fühlen oder hören. Entsetzliche Einsamkeit mit offenen Augen.

»Das ist nicht das Paradies! Nein, das ist nicht das Paradies!«, schrie Lena.

»Sei ruhig, mein Kind«, sagte Großvater Arne gütig. »Komm, lass uns nach Hause gehen. Die Sonne steht tief. Das Boot hat bis morgen Zeit.«

Der Paradiesvogel flog vorbei. Aber Lena klammerte sich an den Großvater. Sie war ja zu Hause. Und die Sonne stand tief, hatte er gesagt. Wie gut das klang!

Der Clown

5 Minuten, ab 10 Jahren

In der großen Stadt Petersburg, die für viele Menschen schon fast am Ende der Welt liegt, was ja gar nicht stimmt, gehört sie doch zu den Besonderheiten für das menschliche Auge – also in der großen Stadt Petersburg wurde es wieder einmal Winter. Wie das bei den russischen Wintern ist: Jedermann rüstet sich, so gut er es versteht, für die harte weiße Zeit.

Es fiel beinahe nicht auf, dass sich an jenem Spätnachmittag im November ein kleiner seltsamer Zug der Stadt näherte. Zuerst berichtete ein armer Bauer davon, als er seine Filzstiefel abholte. »Brüderchen«, sagte er sanft zum Schuster, »Brüderchen, der Zirkus kommt.« Auf diese Weise geriet die Nachricht durch das arme Stadtviertel; denn es war längst nicht mehr wie früher, als Frauen und Männer, Kinder und Greise dem Zirkus entgegenliefen. Nein, es war alles anders geworden. Aber sollte man darüber klagen? Der Winter kam, und das war wichtiger.

Aber der alte Schuster legte seine Ahle zur Seite, sah den Bauern an, sah fast durch ihn hindurch und …: Ob der Clown wohl wieder dabei ist? Als damals Krieg war und so viel Elend – und der Schuster dachte daran, dass ihm damals seine Frau in dem harten Winter 1942 verhungert war. Damals hatte er den Clown erlebt, der so sehr geweint hatte, dass alle lachen mussten. Als der Zirkus in jenem Jahr die Stadt verließ, war der Clown zum Schuster gekommen, um seine endlos langen Lackschuhe nähen zu lassen. Da hatte er ihn gefragt, warum er denn so viel weine und woher die vielen Tränen kämen?

»Weißt du«, hatte der Clown geantwortet, »die menschliche Seele ist wie ein Brunnen, wie ein tiefer Brunnen, den man vergiften kann, sodass man an seinem Wasser stirbt. Zur Zeit sterben mehr Menschen an ihrer vergifteten Seele als am Hunger oder am Krieg. Deswegen muss ich weinen, weil ich die Menschen so liebe und ihre Seele, denn das große Väterchen im Himmel hat uns beide geschenkt.«

Während der Schuster sich an diese Worte erinnerte, war der Zirkus bis an die Stadt gekommen. Am nächsten Tag sollte die letzte Vorstellung vor dem Winter sein, denn die Leute brauchten noch Futter für die wenigen Tiere.

Da machte sich der Schuster auf und ging den langen Weg zu Fuß bis zu dem kleinen Zelt, in dem eine Trompete den kümmerlichen Versuch machte, Menschen heranzublasen, die gar keine Ohren mehr hatten. Die wenigen Zuschauer saßen eingehüllt in ihre Pelze, und die Künstler gaben sich redliche Mühe, ihr Bestes zu zeigen, so wie man es eben kann, wenn man weiß, dass eine große Zeit vorüber ist.

Dann kam er, er kam tatsächlich, der alte große Clown Nikolaj. Wie damals hatte er sich geschminkt. Borstig standen seine rostigen Haare seitwärts von der künstlichen Glatze, die rote Nase wirkte fremd und frech, irgendwie einsam und doch kühn, der Frack verlieh seiner Gestalt beinahe etwas Gespenstisches und dennoch Feierliches, die herrlichen weißen bauschigen Hosen gaben dem Clown das Aussehen des letzten menschlichen Menschen, und die endlos langen schwarzen Lackschuhe fügten das Bild zu einem Eindruck demütiger Überheblichkeit. Wer genau hinsah, konnte meinen, dass es sich die große Gesellschaft eben leisten kann, *einen* ins Rampenlicht zu stellen, um das Gelächter auf ihn zu ziehen. Tückisch ist so etwas, aber seit Menschengedenken gab es dies.

So dachte der kleine Schuster, als er den alten Clown Nikolaj hereinwatscheln sah wie eine komische Ente und gleichzeitig wie einen Zar der Weisheit.

Da stand er nun in der Mitte der kleinen Manege, fin-

gerte unbeholfen an seiner Violine, setzte das Instrument dann mit einer unendlich liebevollen Gebärde zwischen Kinn und Schulter, verhielt noch einen Herzschlag lang so, als spräche er mit ihr, nahm dann mit festem Schwung den Bogen und begann zu spielen.

Aber das, was da erklang, war nicht einfach eine Melodie, das war in einem eine Liebeserklärung an die Seelen der Menschen, das war auch ein Gebet, das war ein einziges Weinen und gleichzeitig jubelnde Hoffnung. Nikolaj spielte aus sich heraus, und gerade das verschlug allen den Atem.

Als der Clown zu Ende war, lachte niemand! Zum ersten Mal lachte niemand. Hilflos blickte er in die Runde. Sollte es denn wahr sein, dass sie ihn verstanden hatten?

Da stand ein kleiner Junge auf. In der ersten Reihe hatte er gesessen. Unter seinem pausbäckigen Gesicht baumelte ein langer gelber Schal. Der Junge stieg in die Manege, ging, als wäre es das Selbstverständlichste von der Welt, mit festen kleinen Schritten auf den Clown zu, hob sich auf die Zehenspitzen und küsste die alte, zitternde Hand, tat dann zwei Schritte nach rückwärts, verschränkte die Hände auf dem Rücken und blieb voller Erwartung stehen. Wieder blickte der alte Nikolaj hilflos in die Runde. »Nein, das gehörte nicht in das Programm; der Kuss eines Kindes gehört nie in ein Programm. – Gleichgültig, was der Direktor meinte, jetzt würde er spielen!« Und so neigte er sich zärtlich dem Kind zu, setzte seine Geige wieder an und spielte für den Jungen, spielte für die ganze Welt. Es wurde eine Melodie der Liebe.

Noch heute erzählt man sich in Petersburg diese Begebenheit, und zuweilen geschieht es, dass einer leise hinzufügt: Das große Väterchen im Himmel hat uns beide geschenkt.

Fünf glatte Steine
Ab 12 Jahren

Sie lagen als Zierde auf dem Fensterbrett und waren auf höchst unterschiedlichen Wegen nach ungefähr 3000 Jahren dorthin gelangt: der eine als Andenken, der nächste als Mahnung, der dritte und vierte als Liebesversprechen und der letzte schließlich einfach so, er wusste es nicht mehr.

»Wisst ihr noch«, begann der erste, »seit Menschengedenken hatte sich um uns herum nichts getan. Plötzlich aber...«

»...Plötzlich aber«, fuhr der zweite fort, »plötzlich aber standen sich die Soldaten gegenüber. Schrecklich anzusehen. Alle hatten den Befehl zu töten.«

»Der Riese auf der einen Seite«, mischte sich der dritte Stein ein, »dieser Riese musste mindestens drei Meter groß sein – alle hatten Angst vor ihm.«

»Der sperrte ja auch sein Maul weit genug auf mit seiner Angeberei«, sagte der vierte Stein.

»Und was passierte dann?«, fragte neugierig der Edelstein aus Idar-Oberstein, der eigentlich immer nur gelegen hatte, um bestaunt zu werden. Und Spott schwang in seiner Stimme mit.

»Dann passierte das Wunder«, schloss nun der fünfte der kleinen Steine: »Ein Hirtenjunge sammelte uns auf, nahm seine Schleuder und schwang uns mit aller Wucht an den Kopf des Riesen. Der Krieg war vorbei. Es gab kein Blutvergießen.«

»Wie hieß der Hirtenjunge?«, wollte der Edelstein wissen.

»David«, antworteten die fünf wie aus einem Munde.

Große Wirkung
Ab 10 Jahren

Ich brachte das Fass zum
Überlaufen! sagte der Tropfen.
Ich brachte das Feuer zum
Überspringen! sagte der Funke.
Ich brachte die Lawine ins Rollen!
sagte der Schneeball.
Ich brachte das Wasser zum
Ringemachen! sagte der Kiesel.
Ich brachte das Veilchen zum
Blühen! sagte der Sonnenstrahl.
Ich brachte das Segelschiff in
Bewegung! sagte die Brise.

Was ist das schon?
Ich habe in zwei Menschen
die Liebe geweckt!
sagte das Zwinkern.

Gespräch der Kleinen
2 Minuten, ab 8 Jahren

Es war Abend geworden am kleinen Fluss, und die Dämmerung träumte sich in den Nebel hinein, der zwischen den Gräsern kroch wie heimliche Schleier.

Ganz zufällig trafen sich da ein Regentropfen, ein Pfennig und eine Ameise. Oder ist es nicht zufällig, wenn die Kleinen der Welt sich im Schutz des Nebels treffen?

»Wisst ihr«, begann der Tropfen, »ich will ja nicht klagen; aber ich fühle mich so unwichtig. Wozu gibt es mich überhaupt? Ich habe doch keinen Sinn.«

Und wenn er nicht selbst ein Tropfen gewesen wäre, hätte er ganz sicher einen Tropfen geweint. Aber auch das wäre sinnlos gewesen; denn wer sieht schon die Tränen der Kleinen?

»Ich verstehe dich gut«, meinte der Pfennig, »mir geht es ja ganz genauso. Keiner bückt sich nach mir. Wozu bin ich eigentlich geprägt worden?«

»Ihr habt gut reden«, meinte die Ameise traurig, »seht mal, mir geht es doch noch schlimmer: Unter Tausenden bin ich nur ein Arbeitstier, und beachtet werde ich schon gar nicht. Die Hauptsache ist, dass ich funktioniere.«

»Ihr habt sicher Recht«, begann der Tropfen wieder. »Aber bedenkt doch: Die Menschen stehen staunend vor den Niagara-Fällen oder am großen Meer. Wer überlegt sich aber schon, dass auch das größte Wasser nur möglich wird durch uns kleine Tropfen?«

»Mir geht es doch ebenso«, warf der Pfennig ein, »wer denkt schon darüber nach, dass auch der größte Reichtum letztlich nur aus Pfennigen besteht?«

»Sicher«, meinte die Ameise, »so gesehen haben wir dasselbe Schicksal; denn wer macht sich schon klar im Leben, dass alles Große nur aus der gemeinsamen Kraft der Kleinen entsteht?«

Während sie so miteinander sprachen und ihr Leben bedachten, war die Dunkelheit hereingebrochen, und die leisen Stimmen der Nacht waren plötzlich sehr laut. Das Gespräch der drei aber hatte unterschiedliche Folgen: Der Pfennig fügte sich in sein Schicksal, setzte Rost an und kam eines Tages unter die Räder. Der Tropfen hingegen zerrann vor Selbstmitleid. Die Ameise jedoch gewann Selbstvertrauen und entdeckte eine wichtige Erkenntnis: Ich bin, weil wir sind, und wir sind, weil ich bin!

Über die Zeit
2 Minuten, ab 12 Jahren

Ein Esel, eine Eintagsfliege und eine Schildkröte unterhielten sich leidenschaftlich über das Leben.
»Ja, wenn ich mehr Zeit hätte«, sagte die Eintagsfliege, »dann wäre alles einfacher! Könnt ihr euch vorstellen, was es bedeutet, alles in 24 Stunden unterzukriegen? Geboren werden, aufwachsen, erleben, erleiden, glücklich sein, alt werden und sterben? Alles in 24 Stunden?!«
»Ich gäbe was drum«, sagte der Esel, »wenn ich nur 24 Stunden zu leben hätte. In kurzer Zeit alles auskosten, was es gibt. Ich stelle mir das herrlich vor: kurz, aber richtig.«
»Ich verstehe euch nicht«, warf die Schildkröte ein. »Ich bin jetzt 300 Jahre alt. Die Zeit würde nicht reichen, wollte ich euch erzählen, was ich erlebt habe. Es ist einfach zu viel. Schon vor 200 Jahren habe ich mir gewünscht, ans Ende meiner Zeit gekommen zu sein.«
»Ich beneide dich«, sage sie zu dem Esel; und zur Eintagsfliege: »Mit dir habe ich Mitleid.«
»Wenn ich das so höre«, sagte der Esel, »ich gäbe was drum, wenn ich 300 Jahre alt werden könnte. Viel Zeit zu haben, um das Leben richtig auskosten zu können. Ich stelle mir das herrlich vor: lange, aber intensiv.«
Da schwiegen die drei sehr traurig, weil jeder das Leben nach der Uhr gemessen hatte und sich nun danach sehnte, das eigene Leben zu verlängern, zu verkürzen oder beides zu versuchen. Sie gingen zu dritt zur Spinne, die wegen ihrer Weisheit berühmt war, um sie um Rat zu fragen.
»Schildkröte«, sagte die Spinne, »hör auf zu klagen; denn wer hat schon so viel Erfahrung wie du?« Zur Eintagsfliege sagte sie: »Fliege, hör auf zu klagen; wer hat schon so viel Freude wie du?«

Da meldete sich der Esel und fragte, was sie ihm denn riete. »Dir rate ich nichts«, erwiderte die Spinne, »denn du wolltest beides! Du bist und bleibst ein Esel.«

Als die anderen Tiere das hörten, warfen sie ihre Uhren weg und maßen das Leben fortan nach seiner Tiefe und seinem Sinn.

Der Zwerg

Ab 10 Jahren

Es war einmal ein Zwerg,
der wollte so gern ein Riese sein.
Da kaufte er sich ein Fernglas,
um riesenweit sehen zu können.
Es nutzte nichts.
Ein Berg lag dazwischen.
Da kaufte er sich eine Muschel,
um riesenweit hören zu können.
Es nutzte nichts.
Ein Tal lag dazwischen.
Da kaufte er sich eine Schleuder,
um riesenweit werfen zu können.
Es nutzte nichts.
Ein Meer lag dazwischen.
Da kaufte er sich zwei Stelzen,
zwei sehr hohe und
wunderbare Stelzen,
um endlich riesenhoch stehen
und riesenschnell gehen zu können.
Die schnallte er sich
an seine Zwergenbeine.
Da kam ein Sturm, schmetterte den
Stelzenzwerg zu Boden,
und der lag nun da
mit gebrochenen Gliedmaßen –
ein Häufchen Elend.

Glaube, Hoffnung, Liebe

Sinn, Ehrfurcht, Kinder, Trost, Versöhnung.
   Das sind Stichworte für Vertraute, für Menschen, die vertraut sind oder vertraut werden wollen mit den guten Kräften des Lebens.

»Allein Bestand haben Glaube,
also die Beziehung zu Gott,
Hoffnung, also der Mut zum Leben,
Liebe, also das Geschenk der Ehrfurcht vor dem Leben.
Doch die Liebe überragt.«

(Nach 1. Korinther 13)

Der Hauch der Steinschwestern
30 Minuten, ab 14 Jahren

Der Regen war ausgeblieben. Schon das zweite Jahr. Das Dorf litt Hunger. Die Tiere der Wildnis starben. Die Wasserlöcher waren ausgetrocknet. Der große Regen war ausgeblieben.

Zürnte Ngai? Zürnte der Herr des Wassers und des Lebens?

Die Menschen lebten notdürftig von den kargen Vorräten. Kein Zauber hatte geholfen. Alles Leben schien an sein Ende gekommen zu sein. Alte Frauen erzählten Geschichten vom Beginn der Welt, von ihren Ursprüngen. Alte Männer schnitzten Speerspitzen, kunstvoll und voller Hoffnung. Den Kindern schienen die Fliegen an der Nase zu kleben.

Der große Regen war ausgeblieben.

Die Herden der Steppe waren längst weitergezogen. Ein alter Elefant stand unter der Schirmakazie wie ein Denkmal der Vorzeit. Die jungen Frauen gingen den ganzen Tag lang, um Wasser zu holen. Die Kranken starben schnell. Die Sonne brütete über Stunden am wolkenlosen Himmel.

Zürnte Ngai? Zürnte der Herr des Wassers und des Lebens?

Mudzimurega saß unter dem Baobab, unter dem Märchenbaum des alten Afrika. Mudzimurega war hinausgegangen, um mit den Ahnen zu sprechen. Er wusste: In seinem Dorf lebten die Gewesenen, die Heutigen und die Zukünftigen gemeinsam. Mit den Gewesenen wollte er sprechen.

Er legte die Handschalen aneinander, hauchte hinein, spendete so seinen Lebensatem dem guten Geist des Lebens und bat um Rat.

Er hörte die Stimme, er hörte sie gut: »Geh, mein Bruder, geh in die Zukunft. Wer die Zukunft sucht, muss die Ursprünge finden. Nimm Hammer und Meißel. Geh bald, mein Bruder. Geh zu den Ursprüngen.«

Er hörte die Worte. Er sah den Elefanten. Er dachte an die Familie. Er weinte über sein Dorf. Er spürte die Sonne. Er stand auf und ging.

Er dankte Ngai, er dankte ihm wortlos, aber er verneigte sich und hauchte in seine Hände.

So nahm er Hammer und Meißel. Das hatte er gelernt. Gelernt hatte er es vom Großvater, der Steine suchte und Steine in Figuren verwandelte. Tage waren sie in der Steppe gewesen, Tage hatten sie nach Steinen gesucht. Der Großvater war ein Meister, ein stiller Meister, aber er hatte gesagt: »Du musst deine Träume in den Stein hauen. Zart musst du mit ihm umgehen. Du musst warten lernen, du musst singen und beten und immer wieder danken, danken musst du, hörst du, mein Enkel? Danken!«

Vom Großvater hatte er viel gelernt. Das wusste er. Aber er wusste auch, dass ihm das nicht genügte. Das Wunder der Steine hatte er wohl begriffen, aber die Erfüllung eines Traumes war ausgeblieben. Figuren hatte er gemeißelt: Zebras und Elefanten, Flughunde und Löwen, Schildkröten und Hyänen. Aber die Figuren waren Steine geblieben. Gestalten nur, gestaltete Einfälle.

Nun war der große Regen ausgeblieben. Zürnte Ngai? Zürnte der Herr des Wassers und des Lebens?

Geh in die Zukunft, mein Bruder.

So stand er auf, nahm Hammer und Meißel, band die Kalebasse sorgfältig an den Gürtel, sah zum Dorf zurück und wandte seine Schritte zur aufgehenden Sonne. Sie würden wissen im Dorf, dass er gegangen war. Sie würden warten und nicht warten. Sie würden wissen.

Der Baobab schien zu winken. Mudzimurega ging. Er

ging in die Sonne und ging in die Zukunft, weil er die Ursprünge suchte und den Stein für seinen Meißel. Mudzimurega ging, und er ging in die aufgehende Sonne, und die Zeit schien ihn zu begleiten, dicht und zuverlässig, wie man einen Freund begleitet.

Im Osten des großen Landes kam er ans Ziel. Tengenenge hieß das Dorf. Er hörte das Dorf von weitem, denn Meißel erklangen und Hämmer, und die Luft war voll von Staub, von Staub und Stein.

Am sanften Abhang blieb er sitzen. Er sah das Dorf und sprach seinen Namen: Ursprung des Ursprungs, Tengenenge. Klang des Anfangs. Wundervoll.

»Großvater«, sagte er leise, »Großvater, ich hab es gefunden.« Und dann dankte er Ngai, dem Herrn des Wassers und des Lebens. Und er hauchte in seine Hände.

Langsam ging Mudzimurega den sanften Hang hinab und betrat das Dorf. Nur kurz sahen die Leute auf. Als er nach dem Ältesten fragte, bedeutete man ihm, er fände den Msee ganz hinten im letzten Haus. Sein Name war »Der-den-drei-Farben-Stein-fand«.

Der rote warme Sand drang Mudzimurega durch die Zehen. Langsam ging er gegen die Sonne. Der Alte saß vor seinem Haus. Bescheiden verneigte sich Mudzimurega und wartete geduldig, bis der Msee das Wort an ihn richten würde. So hatte er es vom Großvater gelernt. »Ehrfurcht ist der erste Schritt zum Glück«, hatte der gesagt.

Der-den-drei-Farben-Stein-fand sah auf und gab mit seinem schwarzen Ebenholzstock ein winziges Zeichen, dass Mudzimurega Platz nehmen könne. Dann reichte er ihm ein Horn mit Pombe, und der junge Mann trank in dankbaren Zügen.

Schweigen entstand. Im Schweigen entsteht die Erkenntnis. Auch das hatte der Großvater gesagt. Jetzt spürte Mudzimurega die Wahrheit dieser Worte. Das Schweigen wuchs. Es wuchs in die Tiefe. Die Hämmer und Meißel des Dorfes klangen wie Musik. Es war der Rhythmus der Schöpfung.

Mudzimurega trank noch einmal.

»Wer hat dir das Geheimnis der Steine gezeigt?«

»Der Großvater.«

»Wie nennt man ihn?«

»Der die Steine versteht.«

»Das ist gut«, sagte der Alte. »Was willst du?«

»Ich habe zu Ngai gebetet.«

»Das ist gut«, sagte der Alte.

»Ich habe mit den Ahnen gesprochen.«

»Das ist gut«, sagte der Alte.

»Ich suche den Ursprung.«

»Den suchen wir alle«, sagte der Alte.

»Der Regen ist ausgeblieben.«

»Das ist schlimm«, sagte der Alte.

»Die alten Frauen hatten keine Geschichten mehr.«

»Das ist schlimm«, sagte der Alte.

»Ich saß unter dem Baobab.«

»Das ist gut«, sagte der Alte.

»Ich suche den Ursprung.«

»Das ist gut«, wiederholte der Alte.

Die Sonne stach, das Hämmern klang, Mudzimurega war angekommen.

Der-den-drei-Farben-Stein-fand bot ihm Käse an und ein Stück Brot. Das tat gut.

»Du wohnst mit Masue.«

»Wer ist Masue?«

»Masue kommt aus Tansania.«

»Danke.«

Mudzimurega fand die Hütte. Er betrat die Hütte. Er sah sich um in der Hütte. Sie war sauber und gut.

Hier will ich den Ursprung finden, dachte Mudzimurega.

»Großvater«, sagte er leise, »ich will den Ursprung finden. Tengenenge. Ursprung der Ursprünge. Das will ich in den Stein meißeln. Meißeln will ich. Ngai zu Ehren. Der große Regen blieb aus. Ich will meißeln.«

Er legte sich auf die schmale Bettstatt. Er schlief.

Masue kam. Er sah den Fremden. Er nahm ihn auf in seinem Herzen.

So war es in Tengenenge. Willkommen war, wer den Ursprung suchte. Und dieser suchte ganz sicher den Ursprung. Seine Kalebasse war fremd. Der Weg musste lang gewesen sein.

Maismehl und Brot gab es zum Frühstück. Masue zeigte dem Neuen das Dorf.

»Da siehst du die Steine«, hatte Masue gesagt. »Nimm dir Zeit und such den Stein.«

Die Kolonie war groß. Sie alle waren Bildhauer. Sie alle schlugen in den Stein hinein, was ihnen Ngai eingegeben hatte. Er sah sie, und sie meißelten. Er sah sie, und sie hämmerten. Er sah sie, und sie schwitzten.

»Mungu«, dachte er, »mein Gott«. »Buana«, flüsterte er, »mein Herr, zeig mir den Dreifarbenstein.«

Einer sang »Maleika«. Er kannte das Lied, er kannte die Melodie, und er begriff die Verliebtheit.

Er stieg zwischen die Steine. Mit den Händen begriff er sie. Tresore der Geschichte. Erzählstücke der Vergangenheit. Wunderbar.

Er sah die Stücke der anderen:

»Sad man«, eine wunderbare Skulptur des verhangenen Menschen.

»Hidden snake«, eine Plastik der Versuchlichkeit, eine Schlange hinter dem Vorhang der Welt.

Aber er suchte den Dreifarbenstein.

Mudzimurega suchte, suchte viele Tage und viele Wochen. Er suchte. Der Baobab nahm ihn in seinen Schatten. Die Banane schmeckte.

Die Webervogelkolonie über ihm lärmte und flatterte. Er hatte sie zu Hause oft beobachtet und wusste, dass die Männchen vier Tage lang am Nest bauten. Dann kam die Umworbene, um zu prüfen, ob ihr das Nest genüge. Mudzimurega verfolgte einen der kleinen Vögel mit dem Auge. Das Tierchen hatte sich auf einem Stein niedergelassen. Der Stein schien in der Sonne zu glühen. Dann war er wieder ganz Schatten, so dunkel war er. Oder war er ganz hell?

Mudzimurega erhob sich. Fest hielt er den Blick auf den Stein gerichtet. Fast schleichend wie ein Raubtier näherte er sich dem Stein. Dann blieb er stehen. Er traute seinen Augen nicht: Der Dreifarbenstein! Der Dreifarbenstein. Ngai hatte ihn geführt. Der Webervogel war sein Bote. Der Vogel war nicht mehr zu sehen. Aber der Stein war ja da. Mudzimurega spürte, wie seine Hände zitterten. Er umschritt den Stein wie ein Werbender. Ngai hatte ihn geführt. Dessen war er sich jetzt sicher. All die langen Wochen und Monate hatte er ihn geführt.

Der Großvater hatte ihn zum Abschied gesegnet: »Mungu kibariki safari yetu.« Das hatte er gesagt. »Gott behüte deinen Weg.« Eingehüllt in diesen Segen war er den Weg gegangen. Es war ein langer Weg, ein sehr langer Weg. Jetzt war er am Ziel.

Das dort war sein Stein, sein Dreifarbenstein. Er berührte ihn wie ein Liebender. Er küsste ihn. Er streichelte ihn. Er sprach mit ihm. Aber der Stein bewahrte sein Geheimnis.

In dieser Nacht fand Mudzimurega keinen Schlaf. Der Herr des Waldes, des Regens und des Lebens gab ihm ein Rätsel auf. Er erinnerte sich an das Märchen vom Spinnenmann, der durch die Steppe ging auf der Suche nach schlechten Menschen. Großvater hatte ihm gesagt: »Bleib ein guter Mensch, dann hat der Spinnenmann keine Gewalt über dich.«

Als die Morgenröte die Schirmakazie berührte, war Mudzimurega immer noch nicht weiter. Was sollte er nur in diesen wundervollen Stein hineinmeißeln? Er wollte dem Alten gern beweisen, dass er würdig war, in Tengenenge zu arbeiten. Der-den-drei-Farben-Stein-fand sollte wissen, dass hier einer gekommen war, den Ursprung zu suchen. Aber der Stein entzog sich seinen Gedanken. Es war, als lege er einen Schleier um sich. Da weinte der junge Mann. Zwischen den Tränen sah er den Spinnenmann tanzen.

Nein, der sollte keine Gewalt über ihn bekommen, der nicht!

So begann er zu singen, und im Gesang fand sich seine Seele, in der Erinnerung hörte er die Trommeln seines Dorfes. Wieder sah er auf den Stein. Da schien es, als öffne sich der Stein, und heraus traten zwei Gesichter, dicht nebeneinander.

»Das ist es«, jubelte Mudzimurega, »das ist es! Ich darf meine Gedanken nicht in den Stein geben, sondern der Stein enthüllt mir seine. Nicht meine Gestalten darf ich ihm aufzwingen, sondern er enthüllt mir seine. Ich muss die beiden Gesichter aus ihm herausholen. Aus ihm heraus. Nicht in ihn hinein. Aus ihm heraus. Die Gesichter wollen zur Welt kommen. Zwei Gesichter, Schwestern will ich sie nennen, ja Schwestern, Schwestern wie Tag und Nacht, Hell und Dunkel, Liebe und Glück, Frieden und Leben, Schwestern will ich sie nennen wie Sonne und Erde, Wind und Regen, Leben und Tod, Hoffnung und Gesang, Tanz und Erfüllung. Schwestern will ich sie nennen. Ja, Schwestern wie Wasser und Land, Links und Rechts, Mann und Frau, Mensch und Mensch, Gott und Mensch.«

Er hielt inne. Die Worte waren ihm gekommen wie Schläge der Trommel. Er hatte sie fast gesungen, und sie ließen sich tanzen. Leben lässt sich immer tanzen, und dieser Stein barg Leben. Das spürte er. Das wusste er. Er streichelte den Stein, er küsste den Stein, er umtanzte den Stein, und der Dreifarbenstein antwortete, weil er das Geheimnis preisgab, das Geheimnis der zwei Gesichter.

»Großvater«, sagte Mudzimurega leise, »Großvater, du hattest Recht. Nur wer die Ursprünge sucht, lernt leben. Ich habe deine Worte nicht vergessen. Jetzt aber habe ich die Antwort gefunden.«

Und der Stein glühte. Und der Stein antwortete. Und der Stein wartete.

Der-den-drei-Farben-Stein-fand lächelte weise, als Mudzimurega mit Masues Hilfe den Stein ins Dorf brachte. Der Alte wusste mehr, als er sagte. Er klopfte mit dem Ebenholzstab an den Stein und murmelte: »Ngai.« Mehr sagte er nicht. Mehr ließ sich auch nicht sagen. Mehr lässt sich von Menschen nie sagen.

Von diesem Tage an nannte Mudzimurega seinen Stein Die Steinschwestern. Noch war nichts zu sehen. Nur er hatte in den Stein hineinschauen dürfen. Nur er hatte die Gesichter gesehen, die keiner sah. Zwei Gesichter.

Er begann mit der Arbeit. Behutsam begann er; denn seit er wusste, dass er nichts in den Stein hineinschlagen dürfe, sondern alles aus ihm gewinnen müsse, musste er behutsam sein, um die Gesichter nicht zu verletzen. Er durfte ihnen keine Wunden zufügen.

So begann er mit dem Grund. Der Stein musste stehen lernen. Er durfte nicht einfach nur liegen. Es war schwere Arbeit. Behutsame Arbeit ist immer schwere Arbeit. Doch er schaffte es. Der Stein stand aufrecht. Gesichter müssen aufrecht stehen, sonst sind es keine Gesichter.

Nun arbeitete er an der Kopfbedeckung. In gezogenen Rillen gewann er die Konturen der Tücher und Haare. Im Wechsel von rötlich, rostbraun und beige entwarf der Stein den Schmuck des Menschen, und Mudzimurega gehorchte den Worten des Steins. Tücher und Haare, dann wieder

Dach und Obhut, Schutz über allem, Tradition und Moderne, Farbe und Form, Stein und Leben, Quelle und Mündung, alles wuchs zusammen zu einem Lied der Schöpfung, wo Himmel und Erde sich küssen und der Künstler nur dient, den Meißel führt, um zu entdecken, was bislang verdeckt war.

Nach vielen Tagen und Wochen waren diese Vorarbeiten fertig. Alle in der Künstlerkolonie waren damit beschäftigt, ihre Steine zu bearbeiten. Nur Mudzimurega hatte Schwierigkeiten. Der Grund war da. Das Dach war fertig. Haare und Tücher hatten ihre Form. Er musste mit den Ahnen sprechen. Er musste mit den Gesichtslosen sprechen, die ganz Ohr waren. Er musste sie um Hilfe bitten. Und er tat es.

Er zog sich zurück zum Fluss. »Ein Fluss ist der Spiegel des Lebens«, hatte der Großvater gesagt. »Im Spiegel des Lebens siehst du deine Seele«, hatte der Großvater gesagt. »Nur wenn du deine Seele siehst, wirst du deinen Stein erleben.«

So sah er in den Fluss, in den Fluss des Lebens, und er sah sein Dorf, er sah die Tiere, er sah die Pflanzen, und er hörte die Gesichtslosen: »Du siehst die zwei Gesichter. Nun gib ihnen die Freiheit. Du kannst es. Bitte Der-den-drei-Farben-Stein-fand um Erlaubnis, nichts mehr zu essen, nichts mehr zu trinken, bis die zwei Gesichter die Welt betreten haben.«

Er tat es. Er erhielt die Erlaubnis. Er arbeitete. Die Sonne stach. Der Schweiß perlte. Die Gesichter traten hervor. Kinn und Nase, Augenansatz und Mund. Das Antlitz des Menschen.

Mudzimurega erschrak: Er sah sich im Spiegel des Steins. Seine Seele fror, sein Herz sang. Der Msee lächelte. Die Erschöpfung tat weh. Er schlief lange. Er schlief tief. Als er gegessen hatte, erfuhr er, dass seine Steinschwestern verkauft waren, verkauft in ein fremdes Land.

Mudzimurega hatte den Steinschwestern Namen gegeben: Hope und Faith. Er hatte den Gesichtern seine eigene Hoffnung und seinen eigenen Glauben eingehaucht. Jetzt aber waren sie weit weg und gerieten mit einem Schiff und mit einem Zug in das fremde Land des Nordens. Liebevolle Hände bemühten sich um die Steinschwestern, und es dauerte nicht lange, bis sie von einem Mann mit weißem Bart gekauft wurden. Der stellte sie auf einen Holzklotz.

Dann kam die Nacht der Stürme. Orkanböen rüttelten an den Türen und Fenstern. Wolken ballten sich zu Gebirgen. Blitze zuckten über den Horizont. Der Mann mit dem weißen Bart legte sich schlafen. Das Wetter tobte weiter.

Da stiegen die zwei Schwestern aus dem Stein. Sie sahen sich an. Sie streckten sich so, als wären sie in einem Gefängnis gewesen. Sie lächelten sich an. Sie trugen bunte Gewänder. Sie trugen ein buntes Tuch. Sie sahen sehr schön aus. Sie spürten den Hauch ihres Meisters. Sie spürten das Wort Ngais: »Bringt den Menschen die Botschaft von Hoffnung und Glaube. Prüft ihre Herzen, prüft ihre Seelen.«

Und sie spürten auch die Worte der Gesichtslosen, der Anwesenden von Gestern, der Ahnen, die ihnen die Kalebasse der Erfahrungen anvertrauten. So schritten sie in die Dunkelheit und in den Sturm. Es war nicht der Wind der Steppe, es war der Wind des Nordens.

Da befahlen die Gesichtslosen einer Wolke, die Erde zu berühren, sodass die Steinschwestern einsteigen konnten. Die Nacht war dunkel genug. Die Wolke trug sie durch die Lüfte bis zu dem großen Gebäude in der großen Stadt. Dort ließ die Wolke die Schwestern nieder, und sie huschten in neue dunkle Gewänder.

Da sahen sie die Kinder der großen Stadt. Sie hockten an den Wänden, sie lagen auf der Straße. Sie schienen verkrümmt und unendlich einsam.

In der Dunkelheit erkannten die Steinschwestern die dunklen Augenhöhlen der Kinder. Sie sahen noch mehr. Sie sahen den Spinnenmann, wie er tanzte und feixte, wie er sich die Hände rieb aus Freude über die Opfer. Jetzt schlich er wie ein Gespenst an den Kindern vorbei, berührte hier und da einen Schopf und sah grinsend zu, wenn eines das Zeug schluckte, jenes verdammte Zeug, das die Zukunft versperrt und die Seele zur Steppe macht.

In diesem Augenblick fuhren die guten Kräfte der Gewesenen in die Herzen der Steinschwestern wie feurige Glut. Sie breiteten ihre Hände aus und begannen zu tanzen. Aus der Kalebasse der Zeit sprangen Trommeln, und aus den Trommeln sprangen Rhythmen, und die Rhythmen sprangen in die Herzen der Kinder, und die Kinder begannen zu tanzen.

Spinnenmann verschwand.

Aus der zweiten Kalebasse nahmen die Steinschwestern Hoffnung und Glaube, die Kräfte ihrer Namen, und sie berührten damit die Augen und Ohren der Kinder, bis diese auf den bunten Tüchern einschliefen, die die Steinschwestern ausgebreitet hatten.

Nun hauchten die Steinschwestern den Kindern in die Nasenlöcher und gaben ihnen damit gute Träume bis zum neuen Tag.

In dieser Nacht befahl Mudzimurega den Shiri ne Zimbabwe, die Steinschwestern zurückzuholen. Der Adler hatte ihnen die Nachricht überbracht. Und wie es die Geschichte der Shona erzählt, hat der Adler die Macht über die Shiri.

Die Vögel brachen sofort auf, und – getragen von den Gebeten der Gewesenen – hatten sie die Steinschwestern bis zum frühen Morgen nach Tengenenge gebracht, wo Mudzimurega sie ungeduldig erwartete.

Im »Haus aus Stein« kamen sie bei aufgehender Sonne an. Mudzimurega hatte lange mit der Skulptur seines

Freundes Mteki gesprochen. »Sad man« hieß die Figur und zeigte das verschlossene Gesicht und die großen Arme. Das war er selber.

Nun aber waren die Steinschwestern da. Das große Palaver konnte beginnen. Aber es gab kein Palaver; denn die Steinschwestern waren müde, und die Shiri drängten zum baldigen Aufbruch. Mudzimurega hatte Tee gekocht. Die Steinschwestern tranken, sahen zu ihrem Befreier, erzählten von den Kindern im Norden und fügten hinzu, dass sie es gut hätten bei dem Mann mit dem weißen Bart.

Der-den-drei-Farben-Stein-fand trat hinzu und hauchte die Schwestern an. Da wurden sie ganz klein, und die Shiri hatten keine Mühe, sie auf den Rücken zu nehmen für den weiten Flug nach Norden. Die Webervogelkolonie lärmte und flatterte im Rostrot des neuen Tages. Die Shiri erhoben sich. Mudzimurega blieb allein.

»Giving life to the stone«, hatte Agnes gesagt. Er hatte sie stets insgeheim bewundert. Ihre Skulpturen erzählten vom Ursprung. Gib dem Stein Leben. – Jetzt war es geschehen. Die Steinschwestern lebten, und die Shiri brachten sie wieder nach Norden, wie es der Adler befahl.

Wie erloschen saß er da. Er wusste, dass sie nie wiederkämen. Er wusste es jetzt. Es schmerzte. Er begann zu singen. Er begann zu tanzen. Masue kam und brachte Bananen. Der neue Tag begann. Mudzimurega suchte einen neuen Stein.

Die Steinschwestern waren zurück in der großen Stadt des Nordens. Die Kinder wachten auf und rieben sich die Augen. Die Augen hatten neuen Glanz. Die Steinschwestern rieben an der Kalebasse. Dann gaben sie den Kindern zu trinken. Milch. Wunderbare Milch.

Männer kamen und wollten die Kinder zwingen, mit ihnen zu gehen. Aber die Steinschwestern stellten sich ihnen in den Weg. Da zogen die Männer ihre Messer. Aber die

Messer zerbrachen in der Sonne. Da nahmen die Männer Stöcke. Aber die Stöcke zerbrachen in der Sonne. Da standen die Männer stumm.

Die Kinder suchten Schutz bei den Steinschwestern. Hoffnung und Glaube. Mehr suchten sie nicht. Die Steinschwestern rieben wieder an der Kalebasse, und die guten Kräfte der Gewesenen erwachten zum Leben und krochen in die Seelen der Kinder. Die Kinder lächelten. Die Kinder erhoben sich. Die Männer wichen zurück.

In dieser Nacht flogen die 800 Jahre alten Shiri hoch über den Wolken zu den großen Wasserfällen des Landes, um die Gesichtslosen zu bitten, ihnen Nahrung aus dem bunten Farbenbogen mitzugeben. Die Gesichtslosen hielten Rat und fanden heraus, dass die zwei Steinschwestern wirklich ihre Hilfe brauchten. Da befahlen sie den Shiri, durch den Wasserstaub zu fliegen. Sie taten das und verwandelten sich im bunten Regen zu Kolibris und Eisvögeln. »Nun helft unseren Steinschwestern«, riefen die Gesichtslosen, und die verzauberten Shiri machten sich auf den weiten Weg.

Als sie mitten in der Nacht bei den Kindern ankamen, tobte die große Stadt unter dem mächtigen Sturm. Der Spinnenmann tanzte und lachte. Der Fluss schwoll an, trat über die Ufer. Menschen liefen laut schreiend durch die Straßen. Gerätschaften und Kisten wurden von den Fluten erfasst. Das Wasser stieg und kroch näher an die Kinder heran. Die sprangen auf die kleine Mauer und weinten.

Der Sturm wuchs zum Orkan. Die schwarze Flut stieg unaufhaltsam. Die Kinder waren abgeschnitten. Der Spinnenmann klatschte vor Vergnügen in die Hände. Ratten huschten aus dem Abgrund. Die Lichter der Stadt verloschen. Die Kinder schrien. Der Spinnenmann raste mit verzerrtem Gesicht.

Da hauchten die Steinschwestern in die Dunkelheit. Die Kolibris und Eisvögel flogen heran, und ihre wundervollen Farben gaben den Kindern das Licht der Hoffnung.

Nun banden die Steinschwestern ihre bunten Obergewänder zu einem zusammen und baten die Kinder, sich auf das große Tuch zu setzen. Danach riefen sie die verzauberten Shiri, die mit ihren Schnäbeln das Tuch halten sollten.

Schließlich erbaten die Steinschwestern alle guten Kräfte der Gewesenen und Gesichtslosen, die unter den bunten Wassern der Fälle wohnten; danach baten sie den großen Ngai um seinen Segen, der ihm vom Mungu der Welt verliehen wurde, und hauchten diesen Segen unter die Flügel der Shiri. Die wurden stark, als sollten sie die Welt tragen. Die Vögel erhoben sich unter langsamem Flügelschlag und trugen die Kinder aus der Gefahr. Das Gewand der Steinschwestern berührte kurz den tanzenden Spinnenmann. Der wurde augenblicklich zu Stein und konnte den Kindern nichts mehr anhaben. In derselben Sekunde wurden die versteinerten Herzen der bösen Männer weich, und weiche Herzen wollen den Kindern nichts anhaben.

Als das Unwetter und die große Flut vorüber waren, setzten die Shiri die Kinder wieder auf den Boden. Sie feierten ein Fest, es wurde ein Fest der Hoffnung. Die guten Vögel nahmen ihre ursprüngliche Gestalt wieder an und zogen heim zu den Felsen der Shona, vergaßen aber nicht, den Gesichtslosen unter den bunten Wassern der großen Fälle Bescheid zu geben über alles, was sich ereignet hatte. Da war große Freude im Reich der Ewigen, und die Shiri trugen die Freude hoch an den Himmel. Ngai lächelte.

Die beiden Steinschwestern verabschiedeten sich von den Kindern. Sie ließen ihnen das große bunte Gewand. Jedem Kind aber hauchten sie in die Hände und gaben ihm damit die Kraft der Hoffnung und des Glaubens.

Glauben

Ab 14 Jahren

Wie lerne ich glauben?
fragte der Mensch.
Hör zu, sagte der Alte:

Danke,
sagte die Möwe zum Wind,
danke, dass du mich trägst.
Wie gut,
sagte der Wind zur Möwe,
wie gut, dass du dich
von mir tragen lässt.

Und?
fragte der Mensch.
Aber der Alte schwieg.

Die drei Seelen
Ab 14 Jahren

Drei Seelen waren einst bei der Nacht, als ihre Menschen fest schliefen, durch die Nasenlöcher hinaus und dann durch das Fenster ausgebrochen, um sich endlich einmal in Ruhe miteinander unterhalten zu können.

Ich bin so fett geworden, sagte die eine, mein Mensch füttert mich täglich mit reiner religiöser Intensivkost. Ich weiß kaum noch, was Leben ist.

Seht mich an, hauchte die zweite: Man sieht mich kaum noch. Ich bin nur noch ein Strich in der Himmelschaft. Ich kriege einfach keine Nahrung. Mein Mensch kümmert sich um alles andere.

Und ich, sagte die dritte, habe ständig Stress. Mein Mensch hat kein Gleichgewicht und weiß einfach nicht, was er will.

Die Uhr schlug eins. Sie mussten sich beeilen, wieder zurückzuhuschen.
Aber sie kamen zu spät.
Ihre Menschen waren früh in den Urlaub gestartet.
So waren sie ihre Seelen los.
Niemand merkte es.

Die Vögel und die Lilien
Eine Fabel vom Glauben

2 Minuten, ab 8 Jahren

In der berühmten Bergpredigt unseres Herrn wird von den Vögeln unter dem Himmel und von den Lilien auf dem Felde erzählt. Und es wird erzählt, dass sie nicht säen und nicht ernten, dass sie wachsen, aber sich nicht durch die Alltagsplage das eigentliche Leben verderben.

Als Bruder Franz eines Tages den Vögeln und den Lilien diese Predigt verkündigte, staunten sie. Das hatten sie nicht geahnt, wie liebevoll sie der Herr als Beispiel gewählt hatte. Doch sie sahen, wie die Menschen es ganz anders machten, wie sie planten und rechneten, immer größere Häuser bauten, Zäune setzten und Bunker anlegten.

Die Vögel saßen auf den Drähten und Bäumen und sahen den Menschen zu. Dann flogen sie zu den Lilien auf dem Felde und berichteten, was sie gesehen hatten.

»Stellt euch vor«, sagte die Lerche: »Die Menschen denken immer nur an zwei Dinge: Was werden wir essen? Was werden wir anziehen?«

Und die Vögel, die aus Japan angeflogen waren, berichteten von der furchtbaren Atombombe.

Andere erzählten vom Hass und von der Gemeinheit der Menschen.

»Ich kann mir gar nicht vorstellen«, sagte die Lilie, die ganz vorne stand, »wie man seinen Schöpfer so vergessen kann. Jedes Geschöpf ist doch ein Spiegel von Gottes Herrlichkeit!«

Da beschlossen die Vögel, für die Menschen die schönsten Lieder zu singen.

Und die Lilien nahmen sich vor, ihre schönsten Farben

zu wählen, um den Menschen zu helfen, die Liebe des Vaters zu erkennen.

»So macht ihr es richtig«, flüsterte ihnen Bruder Franz durch die Ewigkeit zu.

So gaben sich die Vögel und die Lilien ganz ihrem Wesen hin. Sie sangen und blühten, sie flogen und wuchsen und tun es heute noch im Auftrag ihres Schöpfers.

Nur: Wie viele Vögel müssen noch aus Japan kommen?

Die Goldene Kugel

20 Minuten, ab 8 Jahren

I.
Malte Godbersen war unglücklich und traurig. Den alten Kutter hatte er schon vor Jahren verkaufen müssen. Mit dem Krabbenfang konnte er seine Familie nicht mehr ernähren. Und dann war da noch der Unfall gewesen, bei dem er die linke Hand verlor.

Was war schon ein einhändiger Fischer?

Seither verdiente er sich ein paar Mark, wenn er den Kirchendiener vertreten konnte. Das konnte er immer, wenn der betrunken war. Das war im Monat einmal.

Manchmal half er auch dem Friedhofswärter, wenn der die Arbeit nicht schaffte, und das war immer dann, wenn in einer Woche drei Beerdigungen waren. Sonst aber mussten sie in der Familie von der Arbeitslosenhilfe leben und von dem wenigen Geld, das seine Frau Anne durch bescheidene Flickschneiderei heimbrachte.

Auf seine vier Kinder konnte Malte Godbersen stolz sein. Sein Ältester, Sebastian, war inzwischen 12 Jahre alt und ein hervorragender Schüler. Der würde es einmal besser machen und besser haben, dachte Malte oft. Ja, stolz war er auf diesen Sohn. Aber der konnte nicht stolz auf seinen Vater sein. Der Gedanke nagte an Herz und Seele.

Dann war da noch Sarah. Sie war gerade 10 geworden, war ein hübsches Mädchen mit stelzigen Beinen, fleißig und praktisch. Die Schule machte ihr wenig Freude, aber sie sang gern und gut und sammelte am Strand oft Muscheln und seltene Steine.

Merle, das dritte Kind, sieben Jahre alt, war ein munteres Mädchen mit einem stets freundlichen Lächeln und lustigen braunen Augen.

Sören, der Kleinste mit seinen sechs Jahren, schien ganz

die Mutter zu sein mit seinem stillen nach innen gewandten Wesen.

Ach ja, die Mutter: Tapfer war sie. Damals, als sie heirateten, ging es ihm noch gut.

»Anne«, hatte er gesagt, »Anne, ich liebe dich. Wir werden es schaffen. Gewiss werden wir es schaffen.«

Gestrahlt hatte sie, und die Hochzeit war so schön gewesen, es war, als hätte die alte Andreas-Kirche mitgetanzt. In all den Jahren war sie ihm eine geduldige Gefährtin gewesen, eine wundervolle Frau, die er zärtlich »Strandhafer« nannte, vielleicht, weil gerade diese Pflanze so bescheiden ist, Wellen und Sturm standhält und sich im Wind herrlich wiegt.

Sie wusste es aber nicht, und niemand sonst wusste es, dass er seine Anne »Strandhafer« nannte. Das Geheimnis wohnte in seinem Herzen.

In all den Jahren hatten sie auch ihr Haus geliebt, die kleine schmucke Reetdachkate, ganz am Ende des Dorfes, oben auf der Steilküste, unweit der großen alten Buchen.

Nun war alles anders geworden. Malte Godbersen war ein mürrischer Mann. Er sprach kaum noch, die Leute im Dorf nannten ihn inzwischen Malte-stumm; denn so war es üblich, Menschen nach ihren Auffälligkeiten zu benennen. Oft saß er oben auf der Steilküste stundenlang und versank im Grübeln.

So war es auch an diesem Sonntag. Malte vergrübelte sich wieder einmal tief in seinen Kummer hinein, ohne Anfang, ohne Ende. Da hob er die Augen und sah auf das Meer hinaus, das wundervoll glitzerte und glänzte. Vor der tief stehenden Sonne schien eine Frau auf dem Wasser zu tanzen.

»Wie groß-klein sie ist, wie lang-kurz, wie hell-dunkel, wie dick-dünn, wie jung-alt sie ist«, kam es Malte in den Sinn. Nie zuvor hatte er solche Worte gedacht. Aber jetzt bei diesem Zauberbild lächelte er über seine seltsamen Gedanken. Die Wellenfrau trug das Antlitz seiner Anne, ja, das konnte er genau erkennen. Mitten im Farbenspiel der Sonne sah er plötzlich, dass diese herrliche Frau mit ausgestreckten Armen und Händen ihm eine goldene Kugel entgegenhielt. War es ihre Stimme, oder war es seine Einbildung? Er hörte sie sagen: »Such die Goldene Kugel. Such die Goldene Kugel. Alle Not wird vorüber sein, wenn du die Goldene Kugel gefunden hast.«

Im selben Augenblick war die Gestalt verschwunden.

Malte rieb sich die Augen. Nein, ein Traum war das nicht, die Wirklichkeit aber war es auch nicht. Gab es denn etwas zwischen Traum und Wirklichkeit?

An diesem Abend kam der Mann spät nach Hause. Seine Frau stellte ihm keine Frage. Die Kinder schliefen längst. Er legte sich zu Bett und schlief alsbald ein.

II.

Malte wusste nicht, warum er mitten in der Nacht aufstand, sich leise anzog und auf Zehenspitzen das Haus verließ.

Er ging eine kleine Weile an der Steilküste entlang, bevor er sich niedersetzte. Der Sturm fetzte an den Bäumen, die Wolken jagten über das Firmament, und das Meer gurgelte sich auf den Strand, als wollte es Sand fressen.

Der Mann ging nun und ging, als würde er von Zauberfäden gezogen.

Da sah er sie: die Goldene Kugel. Ganz nah und ganz weit, ganz klar und ganz undeutlich. Das Bild prägte sich in seine Gedanken. Die Gedanken wirbelten. Sie purzelten durcheinander.

Malte Godbersen blieb stehen, seine Lungen pfiffen, sein Herz klopfte.

»Anne«, dachte er, »Anne, ich bringe dir die Goldene Kugel, und alle Not hat ein Ende.«

Malte Godbersen ging weiter. Er kam an eine Stelle, wo das Regenwasser wie ein Sturzbach eine tiefe Rinne gegraben hatte. Er fiel der Länge nach hin. Blut lief ihm an der Stirn herunter. Er stöhnte. Nur nicht die Goldene Kugel verlieren. Nur nicht die Goldene Kugel verlieren.

Er raffte sich auf und ging weiter. Da sah er ihn: den Goldenen Ball zwischen den Bäumen, glänzend und klar. Er griff nach der Kugel, und er dachte an Sebastian, an Sarah, an Merle und Sören, und er griff wieder nach der Kugel, aber sie entwich ihm. Er torkelte unter den Buchen weiter. Er konnte den Schatz nicht festhalten; denn es war der Mond. Aber Malte wusste es nicht.

Auf dem Sand wurde er wach. Der Kopf schmerzte, aber der Traum blieb.

III.
Der Fischer begann zu trinken. Er trank gegen seine Unruhe und gegen seine Verzweiflung.

»Anne«, dachte er für sich, »Anne, ich bringe dir die Goldene Kugel. Dann hat alle Not ein Ende.«

Langsam verließ er an diesem Morgen wieder das Haus. Sehr früh war es. Heimlich schlich er davon und meinte, niemand hätte es bemerkt. Aber seine Frau hatte einen leichten Schlaf. Sie stand auf und sah durchs Fenster, wie der Mann im wattigen Frühnebel verschwand.

Der Fischer wollte sich nicht eingestehen, dass er nicht die Goldene Kugel sah, sondern den goldenen Mond, der tief über dem Meer gehangen hatte wie eine glitzernde Kugel am Weihnachtsbaum.

Nun lag der Herbst über dem Land. Spinnweben tanzten an den Zweigen. Späte Zugvögel putzten, auf Drähten sitzend, ihr Gefieder. Der Wind sang wie auf einer Harfe. Igel fraßen Schnecken, um sich ein Speckpolster für den Winter anzulegen. Malte Godbersen ging ziellos seinen Weg.

Es verging nun immer mehr Zeit, bis der Fischer nach Hause kam. Sein Gesicht war verschlossen, kaum ein Wort kam noch über seine Lippen. Sebastian, sein Ältester, versuchte vergeblich, den Vater um Hilfe in Haus und Garten zu bitten. Der Fischer saß nur stumm auf der Bank und regte keinen Muskel.

Sarah begann oft leise zu singen. Früher hatte das dem Vater Freude bereitet. Jetzt aber starrte er nur stumpfsinnig vor sich hin. Merle, die jüngste Tochter, bat den Vater, ihr eine Flöte zu schnitzen. Vergeblich. Früher hatte er ihr einen solchen Wunsch sofort erfüllt. Nun aber winkte er nicht einmal ab. Er schwieg. Nicht einmal den kleinen Sören nahm er wahr. Es war ein starres Schweigen, als wäre der Nordwind in seine Seele gekrochen, dachte Sebastian; denn die Lehrerin hatte ihnen in der Schule erzählt, dass die Indianer den Nordwind den »einsamen Wind« nennen. Er kommt aus der Kälte und bringt auch nur Kälte. Kälte aber macht einsam, und Einsamkeit macht kalt.

Maltes Frau weinte nun oft und viel. Von seiner Liebe spürte sie nichts. War es denn nur der Verlust der linken Hand? Sie hatten sich doch geschworen, in allen guten und schweren Zeiten dicht beieinander zu bleiben. »Wir werden es schaffen!«, hatte er ihr damals gesagt. Doch davon war nun nichts mehr übrig.

Malte, der Fischer, verließ wieder um Mitternacht das Haus. Der Herbst lag nun satt über dem Land. Der Wind wurde schärfer, aber die Luft war dicht und reich von Samen und Gerüchen. Tagsüber hingen fette Wolken über den Stoppelfeldern, und die Luft schien in Schichten gestapelt zu sein. Nur der Fischer sah und spürte von alledem nichts. Kilometerweit war er in dieser Nacht gegangen. Nun war er müde, als die Sonne aufging. Er schlief ein.

Als er vom starken Wind aufwachte, musste er sich die Augen reiben; denn durch das Strauchwerk hindurch sah er wieder die herrliche Frauengestalt, seine Anne, und sie schien ihm zuzurufen und zuzuwinken: »Sieh, die Goldene Kugel. Bring mir die Goldene Kugel.«

»Strandhafer«, dachte der Fischer, »mein Strandhafer, ich bringe dir die Goldene Kugel, und alles wird gut.«

Da sah er sie vor sich, er sprang auf und lief ein Stück, aber die Kugel rollte, rollte rund und schön. Nur wie durch einen Schleier sah er sie, aber sie wich ihm aus und war plötzlich hinter der Steilküste verschwunden.

Der Fischer schlug lang hin, seine Lungen pfiffen, seine Brust hob sich schwer. Er hatte sie nicht gewonnen. Aber er wusste auch nicht, dass der starke Wind nur eine Strohkugel vor sich hergetrieben hatte. Nur eine Strohkugel.

Der Weg nach Hause war diesmal sehr weit.

IV.

Sebastian war verzweifelt, als er den Vater sah. Zum ersten Mal schrie er ihn an und machte ihm bitterste Vorwürfe: Wie er das der Mutter nur antun könne und den Schwestern.

Er staunte, dass der Vater nichts erwiderte. Und er staunte noch mehr, dass Malte Godbersen nach draußen ging und sich auf dem Hof und im Stall zu schaffen machte. Er räumte und sägte, er hackte und stapelte Holz. Doch er sprach kein Wort. Dieses Schweigen war das Schlimmste, was der Vater den Kindern antun konnte. Seine Frau Anne war nur noch traurig und hatte alle Hoffnung aufgegeben. Inzwischen war auch Schmalhans Küchenmeister, das Geld reichte nicht mehr, und die Mutter wusste manchmal nicht, was sie auf den Tisch bringen sollte.

»Ich bringe die Goldene Kugel«, dachte Malte Godbersen. Aber sein Geist war inzwischen wirr geworden. Ihm war nicht mehr klar, was er dachte.

Die ersten Schneefälle hatten eingesetzt. Der Winter kam früh. Krähen hockten wie schwarze Kapuzen auf den Bäumen. Die Igel schliefen schon längst.

Der Fischer lebte wie im Traum. Frau und Kinder ließen ihn gewähren. Unregelmäßig kam er zu den Mahlzeiten.

Eines Tages aber war Malte verschwunden. Vergeblich fragten Frau und Kinder nach ihm. Der Fischer blieb verschollen.

Im November war er an ein weit entferntes Dorf gelangt. Früher Abend war es. Er verspürte Hunger. Aber was er dort sah am Dorfrand, ließ ihn erstarren: Viele viele leuchtende Punkte bewegten sich schleppend zur Seite. Über den Punkten sah er nun wieder das Gesicht der strahlenden Frau, und das Gesicht trug die Züge seiner Anne. Sie winkte ihm zu.

»Ja, ich bringe dir die Goldene Kugel«, flüsterte der Fischer zu sich selbst, und in dem selben Augenblick sah er sie, die Kugel, den wundersamen gold-gelben Ball, der über den Glitzerpunkten zu tanzen schien in langsamen weichen Bewegungen. Malte schrie auf vor Glück und irrer Faszination. Dann rannte er los, mit ausgebreiteten Armen. »Nun hat die Not ein Ende, nun hat die Not ein Ende«, keuchte er heiser, und der handlose Armstummel ragte wie ein trostloses Zeichen in die kalte Luft.

Als er das Dorf erreicht hatte, sah er nichts mehr. Kein Leuchten, keine Kugel, kein Gesicht.

Der Fischer hatte nicht wahrgenommen, dass er nur einen Laternenumzug der Kinder gesehen hatte, und die Goldene Kugel war nichts anderes als ein großer gelber Lampion.

Maltes Seele wurde nun noch einsamer.

Der Winter wurde eisig. Der Fischer lebte vom Betteln. Die Nächte verbrachte er unter Brücken. Der handlose Arm schmerzte oft und heftig. Doch so schlug er sich durch.

Inzwischen war er besessen vom Gedanken an die Goldene Kugel. Es war ganz so, als hielten ihn kleine Teufel besetzt, winzige dämonische Fratzen, die sich immer wieder in das strahlende Gesicht der Zauberfrau verwandelten, aber seine Seele und sein Herz immer kränker werden ließen. Er fand sich nicht mehr zurecht, nicht mehr mit sich selbst und nicht mehr mit der Welt.

V.
Das Frühjahr war gekommen. Singschwäne zogen über das Land. Die Störche kehrten zurück.

Nach den langen Monaten war die Hoffnung im kleinen Haus an der Steilküste immer kleiner geworden.

Sebastian hatte Freude an der Schule. Seine Schwestern waren fleißig und sangen viel, und Sören übte sich im Schnitzen. Die Mutter hatte Arbeit im benachbarten Gasthof gefunden. So hatten sie ihr Auskommen. Insgeheim aber warteten sie alle auf die Heimkehr des Vaters.

Malte Godbersen war in den letzten Wochen voller Unruhe unterwegs gewesen. Als hätte er eine Kompassnadel im Kopf, so hatte er seinen Weg nach Hause gefunden, ganz wie ein Zugvogel die richtige Richtung kennt. Doch der Blick des Fischers war trübe geworden, seine Haltung gebückt, sein Gang schwerfällig, und seine Sprache war gänzlich verstummt. Ab und zu tauchten aus der Tiefe der Erinnerung die Namen seiner Lieben auf. Meist aber blieb sein Kopf stumpf und öde.

Das hatten die Dämonen geschafft.

Sie hatten diesen Menschen zu einem Zerrbild seiner selbst werden lassen. Sie hatten ihn neben sich gestellt, sie hatten seine Einheit gespalten. Er wirkte wie ein müder, gejagter Jäger, der sich hatte jagen lassen, zur Jagd auf die Goldene Kugel.

Das Osterfest war gekommen. Der Mann sah nicht, dass er in seinem Dorf angekommen war. Er hörte auch nicht das Geläut der alten Andreas-Kirche, er wusste auch nichts mehr von Tod und Auferstehung. Mit schleppenden Schritten ging er weiter bis zur Steilküste und setzte sich an den Fuß einer alten Buche.

Stunde um Stunde blieb er so sitzen, in sich versunken. Stille war in ihm. So ging die Zeit. Die Minuten verrannen. Spätes Licht lag über der Küste.

Da sah der Fischer über dem Meer die Goldene Kugel. Und wieder tanzte die Zauberfrau auf den Wogen mit dem lächelnden Gesicht seiner Frau, und sie winkte ihm zu und gab ihm Zeichen mit den Händen.

Da stand er mühsam auf, stieg langsam die Steilküste hinunter, wurde schneller auf dem Weg zum Meer.

»Strandhafer, mein Strandhafer, ich hole die Goldene Kugel, und die Not wird ein Ende haben.«

Jetzt stand er an der Stelle, wo Wasser und Land sich berühren. Die auslaufenden Wellen machten ein kleines glucksendes Geräusch. Malte sah mit seinen trüben Augen weit hinaus aufs Meer. Da lag sie wirklich, die große, glänzende, wundervolle Goldene Kugel.

»Da steht Vater!«, rief Sebastian, der durchs Fenster gesehen hatte und den Mann am Strand erkannte.

Sebastian lief hinaus, die Mutter, die Schwestern und der Bruder folgten ihm. Sie sahen aber, dass der Fischer längst mit ausgebreiteten Armen ins Wasser gegangen war, immer weiter, immer tiefer, der Goldenen Kugel, der untergehenden Sonne entgegen. Nichts hielt ihn, alles zog ihn, und bald war er ihren Blicken entschwunden.

Sebastian stand im seichten Wasser und konnte nicht fassen, was geschehen war. Da stieß etwas Hartes an seinen Fuß.

Er blicke nach unten, sah etwas glänzen, bückte sich, und dann lag ein herrlicher Bernstein in seiner Hand, groß wie der Kopf eines Kindes, rund wie eine Kugel.

Nun hatte alle Not ein Ende.

Sie weinten. Sie weinten vor Trauer und vor Glück.

Der Mann und das Schiff

20 Minuten, ab 12 Jahren

Herbst war es geworden, leiser, melodischer Herbst. Seidene Fäden zogen sich durch die Büsche, und die Sonne schaukelte sich auf ihnen, als suche sie späte Erholung von einem anstrengenden Sommer. An diesem Abend klingelte das Telefon.

Der Arzt war am anderen Ende der Leitung, fragte zunächst, wie es der Frau gehe und den Hunden und den Katzen und im Beruf und überhaupt. Er gab knappe Antworten. Um diese Zeit war er nie redselig, eher schweigsam; denn er genoss den müden Frühherbst und genoss die Pfeife und den duftigen Whiskey. Das war seine Zeit, Zeit zum Einatmen und Ausatmen, Zeit für die Seele, wie er meinte, Zeit für Gott …

Aber der Arzt sprach weiter. Er habe da einen Mann, der nicht mehr weiter wisse. Andreas war sofort hellwach. Sein in langen Jahren geschultes Gewissen signalisierte schnell, dass hier ganze Aufmerksamkeit nötig war. Nichts mehr von Herbst, nichts mehr von spielender Seele, aber doch ganz Zeit für Gott; denn wo ein Mensch nicht mehr weiter weiß, da ist immer Zeit für Gott.

Der Arzt sprach weiter. Gut tat dieses Vertrauen, und sie wussten beide, dass sie der Schweigepflicht unterlagen. Schweigen für das Leben. Deshalb konnten sie sich vertrauen. Der Arzt sprach weiter: Der Mann sei verzweifelt, Medikamente schlügen nicht an, für übermorgen sei die Einweisung in das Landeskrankenhaus angesetzt. Andreas sah wieder den Herbst mit seinen leisen Fäden, aber diesmal schienen sie ihm Vorzeichen für die Fangstricke zu sein, die sich um die Seele jenes fremden Mannes legten.

Der Arzt sprach weiter. Der Mann sei Ausländer, habe

viel Angst, und seine Familie litte besonders darunter, weil die Verzweiflung sich längst wie eine Glocke über die Wohnung gebreitet habe. Andreas sog an der Pfeife, und der Qualm ringelte sich um die kleinen Kerzen, die er so gern entzündete, wenn das Schweigen den Abend segnete.

Der Arzt sprach weiter. Er nannte den Namen des fremden Mannes, Giorgio, er nannte die Adresse und fügte hinzu, es sei sehr akut, und er habe begründete Sorge, dass dieser Mensch sich das Leben nehmen könnte, um der Einweisung zu entgehen. Durch den leisen Wind raschelte das Schilf an die Scheibe, und Andreas sah, wie seine Frau versonnen den tanzenden Libellen zusah. Was für eine Welt! Hier der bunte Zauber vom Wunder des Lebens, und dort ein Mann wie in einem dunklen Tunnel, ohne Licht. Ohne Licht.

Andreas dankte dem Arzt für den Anruf, wünschte einen guten Abend und legte auf. Lieber Gott, komm mit, wenn ich jetzt fahre. Das dachte er mehr, als er es sprach, klopfte die Pfeife behutsam aus und hob seinen schweren Körper aus dem alten Schreibtischstuhl. Zu schwer, dachte er, aber dann fühlte er seinen runden Bauch und empfand Genugtuung, weil er wusste, dass sein Körper ihm diente, unermüdlich und immer in großer Ruhe.

Im Hinausgehen rief er in den Garten, dass er nochmal in die Gemeinde müsse und nicht wisse, wie lange es dauern könne. Sie wusste das seit Jahren, Abschied ohne Absprache, Aufbruch ohne Information, sie wusste es, und immer hatte sie es verstanden. So auch heute, als sie nur sanft lächelte, um sich gleich wieder den Libellen zuzuwenden. Gut, dass es Libellen gibt, dachte Andreas. Gut, dass es diese Frau gibt, dachte er kurz, diese Frau, die er Menschlein nannte, weil er um Verständnis warb.

Mit der linken Hand kraulte er im Vorübergehen den großen schwarzen Hund, dann lief auch schon der Motor, und Andreas war unterwegs zu jenem fremden Mann, der nicht mehr leben wollte. Plötzlich war er ganz der Pastor, nur noch Horchen, nur noch Warten, ganz Instrument, ganz Bereitschaft und – ganz einsam, unterwegs zu jenem Menschen, der die Einweisung umgehen wollte.

Wie oft hatte er Ähnliches erlebt: in den Nächten, in den Tagen, Kampf mit hilfloser Stimme um die Seele eines Menschen. Wie oft hatte er geworben, gebettelt, gehofft, gebetet, gesungen, geholfen, wie oft hatte er Kaffee gekocht, eine halbe Nacht lang gewacht, wie oft! Und wie oft war es vergeblich gewesen, umsonst, aus, Schluss, zu Ende. Nur nicht für ihn, für ihn ging es weiter, es ging ihm nach, es beschäftigte ihn und machte ihn zum Heulen elend.

Jetzt aber war er wieder unterwegs. Ein klein wenig vom Jäger erwachte in Andreas. Die Angst wollte er jagen, jene panische Angst eines Menschen, ja, die wollte er jagen und erlegen.

Er hielt vor dem Haus. Es war ein hässliches Haus, dachte Andreas kurz, ein Haus ohne Gesicht. Häuser müssen Gesichter haben, wenn in ihnen Gesichter wohnen wollen. Dieses Haus hatte kein Gesicht. Es war mehr ein steinerner Silo, nein, kein Silo, mehr – ein Sarg. Seltsam, dass ihm gerade dieses Wort einfiel. Doch so war es.

Er stieg aus, schloss den Wagen ab und ging zögernd auf den Eingang zu. Die richtige Klingel hatte er schnell gefunden. Wieder zögerte er. Noch konnte er zurückfahren. Es gab gute Gründe. Dies war nicht sein Bezirk. Er kannte den Mann nicht. Er hatte auch viele Termine, die nicht zuließen, dass er sich noch mehr auflud. Außerdem ... Nein, keine Gründe. Gott kennt solche Gründe nicht. Niemals.

In diesen Augenblicken war nichts mehr da von Umgebung, nichts mehr von Straßengeräuschen, nichts mehr von Alltagseindrücken. Da war nur noch der Auftrag. Hätte der Arzt doch nicht angerufen! Und wenn ich in diesem Augenblick auch im Garten gewesen wäre? Aber ich war nicht im Garten, und der Arzt hatte angerufen. Andreas war jetzt nur noch offene Seele, nichts anderes mehr. Er drückte die Klingel, der Summer gab das Zeichen, er öffnete und tastete sich im Halbdunkel die Treppe hinauf, bis er vor der Tür stand.

Was sind dreißig Jahre Berufserfahrung, wenn ein einziger Augenblick über Leben und Tod entscheidet? »Lieber Gott, bist du hier? In der Dunkelheit begreife ich dich nicht!«

Da tat sich die Tür auf, das fahle Treppenlicht ging an, und ein Kind stand im Rahmen, ja, ein Kind. Ein bleicher Junge mit verweinten Augen, schmal und leicht gekrümmt, und in seinen Augen wohnte viel Erfahrung von Leiden. Einen winzigen Augenblick lang dachte Andreas an die Libellen, an sein Menschlein, an die Herbstfäden in der müden Sonne ...

Nein, er wusste, was an diesem Abend auf ihn zukam, er wusste es abrupt und messerscharf. Der Junge bat ihn höflich, wenngleich ohne Worte, herein. Im Hineingehen schob der Junge seine kleine Hand suchend in die des Mannes, der sich darüber freute und Acht gab, dass er diese kleine Geste hilflosen Vertrauens nicht zu grob beantwortete.

Im Wohnzimmer saß die Frau, verhärmt, eckig, angewinkelt, gesenkten Hauptes, mit ordentlich gekämmtem Haar, aber eingezwängt in ihre Angst. Der dunkle Pullover zeigte die Umrisse ihrer kleinen Brüste, sie war schlecht geschminkt, und die lackierten Fingernägel hatten Lackrisse. Sie nahm keine Notiz von Andreas.

Er sah sich um, er tat es mit geschulten, schnellen Augen. Da hing ein Bild von der Adria und gegenüber ein kitschiger Jesus. Doch was war schon kitschig? Wo tiefe Gedanken sich ansiedeln, ist nie Kitsch, da ist Andacht und Sehnsucht.

Jetzt erst sah die Frau auf; sie bot Andreas einen Platz an, indem sie mit einer langsamen Handbewegung auf den einzigen Sessel wies, der am Kopfende des Tisches leer stand.

Andreas dankte und nahm Platz. Schweigen. Bedrückendes Schweigen. Beredtes Schweigen.

Sie stand auf. Sie verließ das Wohnzimmer. Sie ließ ihn allein mit dem Kind. Er hörte die Geräusche in der Küche. Sie machte Kaffee. Es roch schon danach. Er trank gerne Kaffee. Er freute sich auf den Kaffee. Das war eine Ablenkung. Das war eine Brücke. Das war eine Chance.

Die Frau kam zurück. Der Kaffee roch stärker. Sie goss ein. Da war kein Zittern. Da war nur noch Lethargie, unendlich langsame Bewegung, und Apathie war da, die Tochter der Stumpfheit. Sie trug Stiefel. Die dünnen Beine wirkten seltsam unwirklich in den langen Schäften. Die scharfen Knochen ihrer Schlüsselbeine stachen aus dem Pullover. »Wo ist Giorgio?«, fragte Andreas. Er fragte immer unvermittelt. Er mochte Umwege nicht. Er war gern direkt und mochte direkte Menschen. »Im Keller«, sagte sie leise, »im Keller.« »Was macht er da?«, fragte Andreas. »Er wartet«, sagte sie noch leiser. »Worauf wartet er?« »Er wartet auf den Tod«, sagte sie ohne jede Regung. »Kann ich zu ihm gehen?« »Es lohnt nicht.« »Was lohnt sich nicht?«

Er merkte, wie dumm diese Frage war. Aber sie schien es nicht gemerkt zu haben. Es lohnt eben nicht, sagte sie. Es war zu oft, viel zu oft. Jetzt kann er nicht mehr. Jetzt hat er die Schnauze voll. Was für ein triviales Wort bei dieser Frau. Aber Trivialität liegt dicht neben dem Weinen.

Andreas stand auf. Wieder fiel ihm seine Körperfülle auf. Aber er dachte, dies sei gut für eine lange Nacht. Und eine lange Nacht würde es werden. Er stand also auf, strich dem Kind über den Kopf und suchte sich den Weg in den Keller.

Die Tür quietschte in den Angeln. Andreas trat ein. Da sah er ihn, den fremden Mann, von dem der Arzt erzählt hatte. Er saß neben einer halbfertigen Tiffany-Lampe, er saß auf einem Hocker. Er saß auf einem Punkt seines Lebens, er saß gebeugt; er hatte graue Haare, die spitzen schwarzen Schuhe wirkten seltsam unpassend in diesem

Keller, und die schwarzen Brusthaare ragten unkontrolliert aus dem Ausschnitt des bunten Hemdes.

»Giorgio!« – »Giorgio!« Keine Reaktion. »Die Frau weint.« Schweigen. »Dein Sohn ist blass.« Schweigen. Andreas duzte jeden. Seine Frau hatte das oft bemängelt. Aber er war der Meinung, darauf kam es nun nicht an.

Jetzt erst sah Andreas sich um. Der Keller war gar kein Keller. Natürlich war es ein Keller, aber es war kein gewöhnlicher Keller. Da hingen Werkzeuge, lauter Werkzeuge, säuberlich geordnet, eines neben dem andern, die Säge, der Schraubenzieher, der Hammer, der Meißel, das Stemmeisen, der Lötkolben, die Zange … Andreas ertappte sich dabei, die einzelnen Gegenstände zu benennen. Er schämte sich, und er schämte sich doch nicht. Er begriff, was diesen fremden Mann bewegte. »Giorgio!« Schweigen. »Giorgio!« Der Mann nickte, als wollte er nur zu verstehen geben, dass er verstanden hatte. Die Tiffany-Lampe wippte. Andreas fragte sich, warum sie wippte. Aber sie wippte. »Giorgio, ich brauche deine Hilfe.« Andreas hörte sich selbst, unvermittelt, unvorbereitet. Jetzt dachte er wieder an die Libellen und an sein Menschlein. Dies hier, dies hier war keine Chance. Der Mann war am Ende. Er reagierte nicht. Er sah nicht auf. Er lebte wohl kaum noch. Seltsamerweise dachte Andreas jetzt an den frühen Herbst, an die zarten Fäden und an die müde Sonne. Außerdem knurrte sein Magen. Jetzt eine Currywurst mit Bratkartoffeln, das müsste wunderbar sein. Er schämte sich wieder. Gott würde keine Currywurst brauchen, aber er, der Pastor, er dachte daran. »Giorgio, ich brauche dich.« Jetzt sah der Mann auf. Dunkle Augenhöhlen. Knochige Schultern. Breite Nase. Schwarze Augenbrauen. Ein guter Mann, schoss es Andreas durch den Kopf, ein guter Mann, aber ein schwacher Mensch. Was heißt schon schwach? Schwach! Schwach! Stakkato in den Gedanken.« Giorgio, ich brauche ein Schiff.« »Was brauchst du?« Andreas war überrascht wegen des Du. Aber es freute ihn. »Ich brauche ein Schiff.« »Ein Schiff? Wofür?« »Für meine Kirche. Verstehst du? Ein Modellschiff. Eine Tradition. Für meine Kirche. Das Schiff, Symbol für Gemeinsamkeit und für Gott, für den Kapitän, für Gott, für Gott, den Kapitän. Verstehst du?« Er nickte. Andreas legte den Arm um seine Schulter. Der Mann zuckte. Der Mann weinte, weinte hemmungslos. Weinte lange. Andreas ging fort. Er stieg in sein Auto. Er wusste nicht, warum er von dem Schiff gesprochen hatte. Er kam nach Hause. Sein Menschlein las in einem Buch. Er grüßte kurz. Sein Hund verstand ihn nicht. Andreas betete. Inbrünstig. Lieber Gott, hilf! Was sollte er sonst sagen? Nichts war zu sagen. Er rief den Arzt an. Der frühe Herbst war aufdringlich mit seinen Geräuschen. Er erzählte. Der Arzt dankte. Es sei wenig Hoffnung. Wenig Hoffnung. Sehr wenig. Die Nacht kam. Die Nacht ging. Der Herbstmorgen stand auf, frisch und kühl. Andreas zögerte. Er rief den Arzt wieder an und wusste dabei nicht, warum er so sicher war, dass die Einweisung in das Landeskrankenhaus aufgeschoben werden konnte, zumindest auf befristete Zeit. Der Arzt dankte und legte auf. Nun begann eine quälende Zeit des Wartens. Sooft er nur konnte, besuchte Andreas die Familie. Er traf stets nur die Frau und das Kind an. Er erfuhr auch nur, dass Giorgio sich nicht sprechen lassen wolle, jedenfalls jetzt noch nicht. Andreas schloss daraus, dass der Mann mit sich ins Reine kommen wollte. Die Frau ließ ihn auch nicht in den Keller. Es habe keinen Sinn, sagte sie, ihr Mann zöge sich über viele Stunden in den Keller zurück. Manchmal höre sie zwar Geräusche, aber sie wisse nicht, was da unten geschehe. So kam der Winter, heftige Stürme tobten durch das Land. Schnee fiel nicht, aber es regnete oft, und die Dörfer wirkten, als duckten sie sich unter den Wolken. Andere und neue Aufgaben bestimmten den Alltag. Die Frau mit dem Brustkrebs nahm Andreas in Anspruch. Der junge Kriegsdienstverweigerer machte

Hilfe nötig auf der Suche nach dem Realismus des Friedens. Und vieles mehr. Vieles. Und immer mehr. In den späten Stunden des Abends verkroch sich Andreas in den geliebten Vivaldi, oder er spielte Schach, was für ihn dem Erlebnis von Musik gleichkam. Es war kurz nach sechs Uhr am Nachmittag. Andreas saß am Schreibtisch. So kurz vor Weihnachten begann das Grübeln: Was denn die Menschen wieder fänden am alten Fest? Oder besser: Was sie denn wieder suchten? Suchten sie überhaupt? War die alte Geschichte nicht doch nur so etwas wie eine jahreszeitliche Streichelwiese für gehetzte Industriebürger? Hatte das Kind in der Krippe seinen Glanz verloren für die Skeptiker und Frustrierten dieser Zeit? Änderte sich irgendetwas in der Welt? War die vorweihnachtliche Zeit nicht wieder einmal nur rastlos und ratlos gewesen? Nichts war auf den Straßen von den Weisen aus dem Morgenland gewesen. Und doch war da ein heimliches Wunder passiert: Frauen hatten eine Krippe gebastelt, entworfen, besprochen, gedreht und genäht. In langen guten Monaten hatten sie gemeinsam die alten Geschichten gelesen, über den Stern hatten sie gesprochen, über den aufgerissenen, sperrangelweit geöffneten Himmel von damals und von heute. Über die Sehnsucht der kleinen Leute nach einem erfüllten Leben. Dann war sie fertig gewesen, die Krippe für die kleine Kirche. Und bestaunt wurde sie: Frauen schlugen sich auf die Seite der Maria, Kinder standen in Gedanken neben dem Kind, Männer verstanden plötzlich den Joseph, und viele Besucher erkannten in den Königen den Weg der eigenen Neugier und Erfüllung. Doch, Weihnachten konnte kommen, dachte Andreas, als er am Schreibtisch saß. In diesem Augenblick klingelte das Telefon. »Giorgio!«, meldete sich der Mann. »Kannst du kommen?« Mehr sprach er nicht und legte auf. Andreas erhob sich, warf die Jacke über und hatte einen Augenblick Angst vor der Begegnung, weil er ahnte, dass sich Schlimmes ankündigte, wenn der Mann schon selbst anrief. Mit dem Auto war es keine Strecke. Er nahm die Menschen nicht wahr, die sich um diese Zeit an den Häusern entlangschoben. Er sah nur die Straße. In Leuchtfetzen strahlten ein paar Sterne. Jetzt war er wieder ganz Jäger, bereit, die Angst jenes fremden Mannes zu erlegen. Jetzt war er auch wieder ganz Pastor, herausgenommen aus den Schreibtischgedanken, hineingenommen in die Welt des Herodes und eingenommen vom Gesang der Engel. Er hielt, stieg aus, trat in eine Pfütze, beschleunigte den Schritt. Er klingelte. Er jagte die Treppe hinauf. Die Frau stand in der Tür. Bleich wie damals, aber verändert. Sein Herz schlug. Sie bat ihn, ihm zu folgen. Langsam stiegen sie die Treppen hinunter. In den Keller. Die Frau sprach kein Wort. Es war ein unheimliches Schweigen. Vor der Tür hielten sie inne. Der Junge war ihnen gefolgt. Wieder schob er die kleine Hand in die große des Mannes. Wie soll ich es ihm nur sagen, schoss es Andreas durch den Kopf, wie soll ich es ihm nur sagen, wenn … Da öffnete die Frau behutsam die Tür. Im wabernden Licht der Tiffany-Lampe stand Giorgio und … hielt das prächtigste Schiff auf dem Arm, das Andreas je gesehen hatte. Giorgio strahlte. Giorgio weinte. Er überreichte Andreas das Schiff mit feierlicher Gebärde und schlug anschließend langsam und bedächtig ein Kreuz wie zum Zeichen der Weihe. Dann schob er Andreas mit leisem Nachdruck aus der Tür. Im Zurückblicken sah dieser, wie Mann und Frau sich im Arm lagen, und das Kind umschlang beide. Giorgio ist wieder gesund. Er lebt wieder gern mit seiner Familie. Sein Schiff aber hängt in unserer Kirche.

Alte Boote

Ab 14 Jahren

Als ich die alten Boote sah,
verlassen,
verteert
und unsagbar einsam,
dachte ich:
So sind auch unsere Worte,
jedes ein Boot,
einmal geboren, Fracht zu tragen,
wichtige, entscheidende Fracht.
Jetzt liegen am Strand der neuen Zeit
alte Worte,
Touristen halten vielleicht
nach ihnen Ausschau,
Objekte der Kamera,
nicht mehr.
Soll ich sie dir zeigen,
die alten Boote:
Freiheit!
Es sollte die Fracht des Lebens tragen.
Aber die Ruderer wurden müde.
Hoffnung!
Es sollte die Fracht des Lebens tragen.
Aber die Mannschaft verlor das Steuer.
Liebe!
Es sollte die Fracht der Erfüllung tragen.
Aber der Mensch verlor die Geduld.
Jetzt liegen die alten Boote
am Strand der neuen Jahre.
Und auf dem Wasser der Gegenwart
heulen die Motoren

der künstlichen Renner,
und sie tragen die Namen
Zwang statt Freiheit,
Verzweiflung statt Hoffnung,
Gier statt Liebe.
Nur eines können sie:
Sie fahren schneller,
schneller in die Vernichtung.
Ich will die alten Boote besteigen.
Kommst du mit?
Wir werden rudern müssen,
rudern um Freiheit, Hoffnung und
Liebe.
Ich rudere gern.

Bedeutung
Ab 12 Jahren

Auf ihrem Flug
zum niedrigen Gehölz
musste die Nachtigall
einen Acker überqueren.
An dessen Rand saß
ein großes Volk Spatzen,
schilpend und schimpfend,
plustrig im Spatzenpalaver.

Als sie die Nachtigall erblickten,
riefen sie ihr zu:
Du bist allein, und wir sind viele!

Richtig, erwiderte die Nachtigall.
Aber ich kann singen.

Trostloser Trost
2 Minuten, ab 10 Jahren

Die Häsin lag sehr krank. Der Hase war viel auswärts, um den Alltag sicherzustellen, und die sieben Kinder waren sich im Wesentlichen selbst überlassen.

Da kam der Igel zu Besuch, brachte ein paar frische Kleeblätter mit und sagte: »Kommt Zeit, kommt Rat!« Gut gemeint! Aber als er gegangen war, überlegte die Kranke: Wann kommt die Zeit, und welcher Rat wird es sein?

Tags drauf sah die Eule herein und meinte: »Gut Ding will Weile haben!« Sprach's und verabschiedete sich. Die Häsin dachte: Ich kann mir aber keine Weile leisten.

Als die Feldmaus durch das Fenster guckte, fiepte sie: »Kopf hoch, Frau Nachbarin, so trägt eben jeder sein Päckchen!« Das ist schon kein Päckchen mehr, dachte die Kranke, und was soll das schon heißen: Kopf hoch?! Ich habe ja gar keine Kraft.

»Lassen Sie nur, es wird nichts so heiß gegessen, wie es gekocht wird!«, flüsterte das Reh an der Nestkante. Das war so gut gemeint, aber die Häsin grübelte bitter: Was wissen die schon? Solchen Humor kann ich einfach nicht vertragen. Ich weiß nicht ein und aus.

Die alte Katze sah auch kurz herein und erkundigte sich nach dem Befinden. »Es wird schon werden!«, meinte sie schnurrend und meinte es ja auch ehrlich. Doch die Kranke verzweifelte fast: Wer ist denn schon ›es‹, und was soll werden? Ich habe den Eindruck, dass überhaupt nichts wird.

Als dann der Maulwurf seine Hemmungen überwand und durch das Fenster rief: »Keine Sorge! Ende gut, alles gut!«, da empfand die Häsin nur noch Bitterkeit. Denn in der Küche tobten die Jungen, und nichts war fertig geworden. Dazu noch die eigene Angst.

Witzig sollte es klingen, als die Elster vom hohen Baum aus rief: »Kommen wir über den Hund, kommen wir über den Schwanz. Geduld, Geduld, Geduld!« Können die alle sich denn gar nicht vorstellen, wie es mir zumute ist? So dachte die Kranke. Müssen die denn alle solchen gut gemeinten Unsinn reden? Das sind doch Sätze, die alles und nichts sagen.

Schließlich kam das Rebhuhn zu Besuch, erzählte von draußen in einem Wortschwall ohne Ende und empfahl sich zum Schluss mit den Worten: »Wir werden sehen!« – »Was werden wir denn sehen?«, zweifelte die Häsin, »und wer ist schon wir?«

Während sie noch voller Enttäuschung so nachdachte und merkte, dass all der gut gemeinte Trost im Grunde keiner war, kamen die Ameisen herein, grüßten kurz, stellten Feldblumen auf den Tisch, machten die Küche sauber, versorgten die jungen Hasen, waren bei alledem sehr leise und verabschiedeten sich ohne jeden Aufwand. Da trat so viel Ruhe ein – und vor allem: Die Hoffnung wuchs.

Nur weil jemand auf der Bettkante saß
2 Minuten, ab 16 Jahren

Zwei alte Bettgestelle standen auf dem Boden, setzten Staub an und kamen eines Nachts ins Gespräch.

»Ich verstehe einfach nicht, warum man mich durch Matratzen ersetzt hat. Ich erinnere mich so gut an die Jahre und Zeiten, wo die Bettkante noch eine Bedeutung hatte. Lag der Junge krank, dann saßen Mutter oder Vater auf dem Rand, nahmen seine Hand oder streichelten ihm über das Haar. Es war eine gute Zeit, und oft war es wie ein Zauber, wenn der Hustenreiz verflog, nur weil jemand auf der Bettkante saß.«

»Ich habe ganz ähnliche Erfahrungen«, schaltete sich das andere Gestell ein. »Nur zu gern erinnere ich mich an die langen Winterabende, wenn die Oma auf der Bettkante saß und dem Mädchen ein Märchen zur guten Nacht vorlas. Dann schlug der Sturm ans Fenster, und der Hagel prasselte auf das Blech, aber drinnen war Obhut und Schutz, nur weil jemand auf der Bettkante saß.« So redeten sich beide in Eifer und schwammen förmlich in der guten alten Zeit.

»Als der Soldat damals nach Hause kam und so kaputt war, da saß täglich der Arzt auf der Bettkante, verschrieb Pillen und Pulver, aber hauptsächlich hörte er zu und ließ sich die Geschichten aus dem Lager erzählen. Weißt du, der Soldat wurde gesund. Ich glaube, nur weil jemand auf der Bettkante saß.«

»Ich stand lange Zeit nicht allein im Zimmer«, erklärte das andere Bett, »wir waren zu zweit, und oft genug habe ich erlebt, wie die beiden Kinder auf den Bettkanten saßen, den erlebten Tag besprachen und den kommenden planten. Herrlich war das, und plötzlich war der ganze Raum voll

von Träumen und Ideen, nur weil jemand auf der Bettkante saß.«

»Und ich habe es miterlebt, als der Großvater starb. Er sprach noch über die Vergangenheit, über den Kaiser und die Steckrüben, während der Tod schon auf der Bettkante saß. Doch gewann ich den Eindruck, dass dies dazugehörte, ganz selbstverständlich und mit tiefem Glauben, ja, weil jemand auf der Bettkante saß.«

»Als mich die Möbelträger auf den Boden trugen, da saßen sie beide noch auf meiner Kante, tranken einen Schluck Bier, und der eine meinte: ›Schade um das schöne Stück!‹ Weißt du, das hat mich getröstet, nur weil jemand noch einmal auf der Bettkante saß.«

Sagt es leise weiter. Setzt euch auf Bettkanten, solange es sie gibt.

Krieg und Frieden

Erinnerung, Vergangenheit, Zukunft, Konflikt, Hass, Angst, Güte, Verständnis.

Das sind Stichworte für Vernünftige, für Menschen, die ihre Vernunft vom Glauben steuern lassen, um den Regenbogen zu spannen, den Frieden für die Welt.

»Die Menschheit in dieser so dunklen Welt
hat eine strahlende Hoffnung. Ihr Licht fällt auf alle,
die in Angst leben.
Denn uns ist ein Kind geboren, Gott hat sich
in seinem Sohn geschenkt. Seine Maßstäbe werden gelten,
sein Wesen macht das Leben hell, er vertritt Gottes
Sache, er vermittelt Glauben, und in seinem Namen wird
es Frieden geben.«

(Nach Jesaja 9)

»Habt keine Furcht! Ihr sollt euch freuen, ihr Menschen
in der Welt: Gott ist da. Sein Menschenkind heißt Christus,
arm geboren in einem kleinen Winkel der Welt.
Gott sei gepriesen in seiner Macht und Güte,
Friede soll sein in der Welt unter den Menschen.«

(Nach Lukas 2)

Der mohnrote Reiter
10 Minuten, ab 8 Jahren

Die kleine Sippe vom Volk der Sinti war bis dicht an das Dorf gelangt. Hier wollten sie bleiben, die Zigeuner, wie sie bei den Leuten hießen. Mütterchen Wanda hatte das beschlossen, und was sie beschloss, geschah. Seit vielen Jahren kannte sie die besten Tabuns und wusste auch, wo sie Menschen trafen, die ihnen ohne den bösen Blick begegneten. Schnell waren die Pferde ausgespannt, ein Platz für das Lagerfeuer wurde hergerichtet, die Kinder bekamen den Auftrag, ins Dorf zu gehen, um Eier und Milch zu kaufen. Die Frauen machten sich daran, die Wäsche zu waschen, während die Männer die Pferde striegelten. Mütterchen Wanda saß auf den Stufen ihres Wohnwagens und sah dem Treiben zu.

Bald kamen die Kinder zurück, brachten, was sie hatten holen sollen, und mit ihnen kamen auch Kinder des Dorfes, scheu und zögernd zuerst. Aber sie wurden bald zutraulich, als Mütterchen Wanda ihnen vom frisch gebackenen Brot anbot, das mit dem Schafskäse zusammen wundervoll schmeckte. Die Dämmerung brach herein, als der hagere Dimitroff das Feuer anzündete. Man setzte sich herum, leise Melodien erklangen, und alle sangen: Heidarandei, heidarandei, während Oleg die Geige spielte. Oleg spielte versunken und versonnen, seine Finger glitten die Saiten herauf und herab, und der Zauber des Abends unter dem gelben Mond legte sich auf die Seelen der Kinder. Plötzlich stand er da, der alte Janek. Immer kam er überraschend; die Kinder wussten das schon. Und nun stand er da mit seinem langen schlohweißen Haar, den lustigen tiefen Augen, mit leicht gebeugter Gestalt, umgeben von einem langen Mantel. Mit der linken Hand stützte er sich auf den knorrigen

Stock, der ihn wohl schon seit Menschengedenken begleitete, und mit der rechten nahm er in regelmäßigen Abständen die lange Pfeife aus dem Mund, roch an ihr, schob sie wieder in die Zahnlücke und betrachtete das Lager wohlwollend und doch traurig.

»Großvater Janek«, rief Ljuben, »Großvater Janek, erzähl uns eine Geschichte.« Die schwarzhaarige Antonia lief zu ihm, zog ihn am Ärmel und bat ihn auf diese Weise mitten in den Kreis.

Das Feuer loderte in der Abendbrise auf, Oleg spielte auf der Geige die Sehnsucht seines wandernden Volkes in das Dämmer, Großvater Janek gebot mit einer leichten Handbewegung Ruhe, nahm dann die Pfeife aus dem Mund und begann zu erzählen: »Das Volk der Sinti ist groß, und seine Zahl so reich wie der Sand im Meer. Die Sterne sind unsere Lampen, der Mond ist unser Gefährte, die Sonne ist unsere Schwester, die Tiere sind unsere Freunde, und der Regen wäscht nicht nur das Gras, sondern auch die Tränen aus unserem Herzen. Rastlos suchen wir das Ziel der Zeit und lieben das Leben, seine Farben und seine Klänge.«

Stets begann Großvater Janek seine Geschichten mit solchen Sätzen, die er benutzte, um den Kindern die Weisheit seines Volkes anzuvertrauen. Mütterchen Wanda wischte sich verstohlen die Augen; denn immer, wenn der Alte so begann, wuchs in ihr die Erinnerung an die stolze Zeit in Bulgarien, Jugoslawien und Ungarn.

»In der alten Zeit«, fuhr Großvater Janek fort, »in der alten Zeit, als ich noch ein kleiner Junge war so wie du heute, Ljuben, in jener Zeit lebte in unserem Volk ein bunter Traum. Der Traum erzählte von dem mohnroten Reiter, der allnächtlich durch den Himmel zog, ruhelos und rastlos, einer der Unsrigen, auf der Suche nach dem Ziel der Zeit. Wenn die Leute am Lagerfeuer saßen, hörte man zuweilen sein Ross wiehern, und die Lüfte wurden vom Hufschlag gepeitscht. Die Frauen bekamen Angst, aber die jungen Männer sprangen auf, um mit dem roten Reiter zu reiten; denn so wollte es die Überlieferung: Wer den mohnroten Reiter sah, musste mit und sterben. Wie gesagt, ich war damals klein und jung. Aber ich habe die Nacht nicht vergessen. Wir hatten unser Lager am großen Balaton aufgeschlagen, dicht am Schilf unweit der Puszta. Die Klänge des Lagers vermischten sich mit dem Plätschern des ruhigen Wassers. Einige tanzten, andere schnitzten an ihren Flöten. Janosch, mein Freund, fettete das Geschirr der Pferde. Der Mond zog herauf, erst silbern, dann golden, und die Sterne, unsere Sterne hingen am Firmament wie Blumen der Nacht. Da rollte es vom See heran, wurde dumpfer und drohender, die Kinder verkrochen sich in die Wagen, die alten Männer löschten das Feuer, die Frauen schrien erst, dann sprangen sie auf, die jungen Männer sattelten die Pferde, die Frauen hielten sich hinter den Zeltstangen versteckt – da war er heran, der mohnrote Reiter. Funken stoben über das Wasser, rissen rote Rinnen durch das Schilf, und es war wie ein grausiges Märchen; das Firmament brach auf, grelles Licht blendete uns, und wir sanken auf die Knie. Sollten wir am Ziel der Zeit sein? Endlich am Ende der Suche? Die wenigen Bäume um uns herum rauschten wie in Angst, die Pferde scheuten und ließen sich von den jungen Männern kaum halten. Der Traum, dachte ich, der Traum unseres Volkes. Dann wurde es plötzlich ganz dunkel und ganz still. Selbst den Mond konnten wir nicht mehr sehen. Ich hielt den Atem an. Die Stille wurde so laut, dass ich mein Herz in den Ohren hören konnte. Als nichts weiter geschah, krochen wir Kinder aus unserem Versteck.

Janosch, mein Freund, hielt sich an meinem Arm fest. Kaum standen wir mitten auf dem Platz, da brach es erst richtig los: Die Pferde schlugen aus, die jungen Männer warfen sich in die Sättel, der Himmel blutete aus ungezählten Wunden, die Erde barst und bebte, die Baumkronen bogen sich unter der Wucht des Sturmes, und wir rannten um unser Leben, irgendwohin, immer weiter fort in alle Richtungen des Lebens. Wir flohen vor dem mohnroten Reiter, dessen Gestalt am Horizont flatterte und jagte, immer röter, immer feuriger, immer tödlicher.

Es dauerte wohl Stunden, manchmal will es mir scheinen, es dauerte wohl Jahre, bis sich das Ungestüm der Zeit legte und wir uns am Lagerplatz sammelten. Einer nach dem andern traf ein, aber die jungen Männer blieben aus, keiner kehrte zurück.

Irina, die Alte, sagte uns damals, dass wir nun ja den mohnroten Reiter erlebt hätten, und die jungen Männer seien mit ihm geritten, wie es der Traum erzählte. Aber es bliebe dabei: Mit ihm reiten und sterben, so sei es, wenn man ihm begegne, und letzlich liefe es auf dasselbe hinaus.«

Hier schloss Großvater Janek seine Erzählung. Ljuben und Antonia hatten bemerkt, dass ihm die Tränen in den Bart liefen. Deshalb sprangen sie auf, und Antonia rief: »Oleg, spiel die Geige.« Die Kinder stimmten begeistert ein: »Oleg, ja, Oleg, spiel die Geige.«

Oleg erhob sich, nahm das Instrument, setzte es liebevoll zwischen Kinn und Schulter, zupfte behutsam ein paar Klänge heraus, als wolle er die Melodie pflücken, bevor sie zum Strauß wurde, dann schloss er die Augen und spielte von der uralten Sehnsucht seines Volkes, zuerst langsam und bedächtig, dann schneller und rhythmischer, schließlich wild und leidenschaftlich, und alle sprangen auf, klatschten und jubelten, schnipsten mit den Fingern zu den Flammen des Feuers, während der goldene Mond lächelte.

Wie ein lebendiges Geheimnis stand Mütterchen Wanda unvermittelt im Kreis der Tanzenden. Oleg brach ab, das Gelächter hörte auf. Mütterchen Wanda stand da wie eine Königin; und als sie nun mit zittriger Stimme zu singen begann, besang sie den Traum ihres Volkes: »Mohnroter Reiter, mohnroter Reiter, reite durch das Firmament. Nimm die Jungen, nimm die Alten, bring das Ziel der Zeit.«

Während sie sang, streckte Großvater Janek die Hände aus, als wollten die alten Finger nach den Wolken greifen.

»Da ist er!«

»Wer denn? Wer?«, so riefen sie alle durcheinander.

»Der mohnrote Reiter!«

Aber niemand sah ihn, niemand hörte ihn.

Doch der alte Mann brach langsam am Feuer zusammen.

Mütterchen Wanda drückte ihm die Augen zu.

»Er hat den Traum gesehen. Er ist am Ziel der Zeit.«

Am andern Tag kamen die Dorfkinder wieder zum Lagerplatz der Zigeuner.

Niemand war da.

Nur eine kleine selbstgeschnitzte Flöte lag am Boden:

Heidarandei. Heidarandei.

Der Traum des Hasen
2 Minuten, ab 10 Jahren

Der Hase war weit in der Welt herumgekommen, hatte viel gesehen und erlebt und war schließlich heimgekehrt bis an den Waldrand, den er so sehr liebte.

Dort legte er sich nieder, schlief ein und begann bald tief zu träumen.

Er sah, wie die diebische Elster so ganz aus freien Stücken alles zurückgab, was sie gestohlen hatte, sofern es sich noch in ihrem Nest befand. Er fand das wunderbar, weil die Wahrhaftigkeit so gut tat. Und insgeheim tat er ihr Abbitte, denn er hatte sie wohl verkannt.

Er sah auch, wie der Fuchs ehrlich mit dem Raben um den Käse handelte, nicht wie damals, als er ihn betrog. Es war ein schönes Bild, wie die beiden alten Erbfeinde so friedlich miteinander redeten.

Dann sah er, wie die Geier nicht mehr warteten, bis ein Tier erledigt war. Er meinte, im Traum zu träumen, dass die Geier sich um ein verwundetes Tier kümmerten, bis es wieder laufen konnte. Ja, so hatte er es sich immer vorgestellt.

Er sah auch, wie der Wolf die Ziegen beschützte, Acht gab, dass niemand ihnen Böses tat. Es ging also auch so. Das war herrlich. So richtig Frieden.

Er erkannte, wie die Hyäne nicht mehr auf Beute lauerte, sondern Gras fraß und sich wirklich Mühe gab, ihr schlechtes Image zu verwandeln. Was war nur geschehen? War die Welt plötzlich neu geworden oder ganz alt?

So sah der Hase, wie die Schlangen aufhörten, ihre Opfer zu erwürgen. Statt dessen boten sie sich an, den Unkundigen einen Weg durch das Dickicht zu bahnen. Einfach erstaunlich.

Er sah auch, wie der Hai das Morden ließ. Statt dessen

kümmerte er sich um die kleinen Fische und spielte mit ihnen. Nicht zu fassen, diese Wandlung.

Da erwachte der Hase plötzlich, griff neben sich – und da hatte ihm die Elster das Gepäck gestohlen. Er sah gerade noch, wie der Fuchs den Raben verspeiste, und in großer Entfernung gewahrte er die grausigen Geier. Am Rand der Koppel schlich der gefräßige Wolf und stellte den Ziegen nach, und die Hyäne lauerte auf die Abfälle der Beute. Eine Schlange würgte gerade ein Ferkel hinunter, und am Strand schrie jemand, dem der Hai ein Bein abgebissen hatte.

Da erschrak der Hase! Als er sich gerade verstecken wollte, raschelte es neben ihm, und ein zweiter Hase tauchte auf.

»Du«, sagte er, »ich habe geträumt, dass Frieden auf der Welt ist.«

»Und ich«, sagte der andere, »habe dasselbe geträumt. Ist das nicht herrlich?!

Jetzt sind wir schon zwei.«

Vielleicht ist jeder Traum ein Schritt zur Wirklichkeit.

Der schwarze Rabe
2 Minuten, ab 14 Jahren

Ein Rabe mit ganz schwarzem Kleid,
auf das er stolz war alle Zeit,
das er zur Schau trug vor den Tieren,
der Meinung, dieses tät ihn zieren,
beschloss, im Rat der andern Raben
hierzu einmal das Wort zu haben.

Und dies geschah zu früher Stunde;
ganz rabenstill ward's in der Runde,
als jener anhub, zu dozieren:
»Wir haben sehr viel zu verlieren,
wenn wir das Schwarz der Väter mindern,
statt es zu mehren unseren Kindern.
Es gibt schon sehr moderne Raben,
die viele graue Federn haben.«

Ein junger Rabe fragte keck,
dies habe letztlich wohl den Zweck,
die Grauen gräulich hinzustellen,
um aus obskuren Rabenquellen
und rabenschwarzen Rabenherzen
sie irgendwann mal anzuschwärzen!?

Da sagte jener zuckersüß:
»O lieber Bruder, merke dies:
Lasst eure grauen Federn sein
Und steckt euch echte schwarze ein!«

Da rief der Kecke mit Entzücken:
»Aha, mit fremden Federn schmücken!«

Sie beteten mit schlaffen Flügeln,
um knarrend dieses zu besiegeln.
Da rief der Rabe alle Spatzen.
Versprach, es kämen keine Katzen.
Man kam in schilpendem Gewimmel,
und er versprach den Rabenhimmel.
Man müsse sich die Federn schwärzen
Und selbstverständlich auch die Herzen.

Bei dem Versuch, dem nachzukommen,
hat mancher Spatz sich übernommen.
Sein Kleid zu ändern, das man hat,
ist nur ein schlechter Rabenrat.
Den Spatzen wurde eines klar,
dass dies ein Rabenvater war.
Als später in dem Rat der Raben
die Raben sich als Brüder gaben,
da sprach der Kecke von vorher:
»Die Lehr' ist nicht von ungefähr:
Die Spatzen haben wohl erkannt,
dass graue Raben hier im Land
sich mausern, um echt schwarz zu werden,
und dies kann niemanden gefährden.«

Da strich der Schwarze seine Segel.
Die Spatzen blieben einfach – Vögel.
Da ließen sie ihre Stimmen erklingen!
Das war ein Jubeln, und das war ein Singen.
Alle Vögel stimmten mit ein:
Wir dürfen endlich wir selbst wieder sein.

Die Fabel von der kleinen Melodie
Nur für Kinder, Erwachsene haben keinen Zutritt

2 Minuten, ab 10 Jahren

Es war einmal eine kleine Melodie, die wohl im Himmel geboren sein musste; denn sie klang so schön, dass die Menschen sie gar nicht verstanden. Andererseits aber musste sie wohl auf der Erde geboren sein; denn sie passte so gut zwischen die Schmetterlinge und Blumen.

Nun, wir wissen es nicht genau, woher die kleine Melodie kam, jedenfalls war sie eines Tages da und begab sich auf die Suche nach einer Kehle, in der sie wohnen könnte.

Zuerst flog sie nach Australien und kam in das große Sydney. Zwischen Hochhäusern und Asphalt setzte sie sich auf die Stimmbänder eines Schafzüchters, der gerade viele australische Pfundnoten in der Tasche hatte, die aus dem Verkauf der Wolle stammten. Er brachte die Melodie nicht zum Klingen, weil er an das Geld dachte.

Da flog die kleine Melodie enttäuscht nach Russland und geriet ausgerechnet in den Kreml – das ist das große Gebäude, wo die mächtigen Leute regieren. Sie hockte sich auf die Zunge des Parteichefs. Aber er konnte die Melodie nicht zum Klingen bringen, denn er dachte an den 5-Jahres-Plan und an den Protestbrief der Komsomolzen.

Enttäuscht flog die kleine Melodie wieder weiter und kam nach Kentucky in den Vereinigten Staaten. Sie landete genau im Kehlkopf eines reichen Farmers, der dabei war, seinen Kälbern das Brandzeichen aufdrücken zu lassen. Im Staub und Whiskydunst brachte er keinen Ton heraus.

Da begab sich die kleine Melodie in den Vatikan, da wo der berühmte Papst auf dem Heiligen Stuhl sitzt. Als er gerade seine lateinische Messe sang, schlüpfte ihm die Melodie zwischen die Zähne und versuchte, sich in die strenge

Gregorianik zu mischen. Aber das war vergeblich; denn der Gesang der Kirche war seit Jahrhunderten erstarrt. Da flog die kleine Melodie zur Nachtigall, um sie um Rat zu fragen.

Du machst das ganz falsch, sagte diese, flüsterte ihr das Geheimnis zwischen die Notenlinien, und voller Erwartung machte sich die kleine Melodie auf den Weg nach Afrika. Dort fand sie am Viktoriasee einen kleinen Jungen, der auf der Flöte blies. Sie huschte hinein, und augenblicklich erstrahlte ein neues Lied, das Lied der Hoffnung. Glücklich über das Echo, besuchte die kleine Melodie von nun an nur noch die Kinder, ganz gleich in welchem Land. Und wer gute Ohren hat, der kann sie jeden Tag hören.

Moral: Wirklich nur für Kinder, Erwachsene haben keinen Zutritt.

Der Stein der tanzenden Fische
2 Minuten, ab 16 Jahren

Gleich vorne links im Meer, so zwischen Ebbe und Flut, liegt seit alters ein großer Stein, der heute nichts anderes zu tun hat, als zu liegen, wie es eben die Eigenart von Steinen ist.

Aber den Sonntagskindern, die noch das Gras wachsen hören, verrät er eine wunderbare Geschichte.

Die will ich euch jetzt erzählen.

Vor vielen tausend Jahren gab es eine furchtbare Zeit im Meer. Es herrschten die Echsen und Schlangen. So war es damals, wie es immer ist, wenn Echsen und Schlangen herrschen: Die kleinen Fische hatten nichts zu lachen. Nur so zum Spaß missbrauchten die Untiere ihre kleinen Mitgeschöpfe, jagten sie durch das Wasser, spießten sie auf scharfe Unterwasserfelsen oder zerstörten ihre Wohnungen. Zuweilen brach nachts der Schrecken über die kleinen Tiere her, wenn die Großen überraschend einbrachen und niedermachten, was ihnen vor die Flossen und Mäuler kam. Es gab da welche, die sich verstecken konnten: Zum Beispiel der Einsiedlerkrebs, er schaffte es. Aber die Welt kann ja nicht nur aus Einsiedlern bestehen. Oder auch die Grottenolme. Aber es gibt gar nicht so viele Grotten, wie man bräuchte, um die kleinen Fische vor Echsen und Riesenschlangen zu schützen.

Eines Tages versammelten sich die Fische auf dem Äquator und hielten rund um die Erde Beratung. Es fiel ihnen jedoch nichts ein, was sie hätte retten können.

Am 20. Juli – es kann aber auch ein ganz anderer Tag gewesen sein – wagte ein kleines Lanzettfischchen sich bis in das Hauptquartier der Echsen. Aber bevor der geplante Anschlag auf den Führer der Echsen gelingen konnte, flog die Verzweiflungstat durch Verrat auf, und viele Fische fanden den Tod, vor allem waren es Rotbarsche, die weißen Rosenfische, die schwarzen Aale und die violetten Schollen.

Die Echsen und Schlangen hielten grausame Rache unter den kleinen Fischen. Aber es kam der Tag, an dem Echsen und Riesenschlangen von den Haien und Schildkröten angegriffen und vernichtet wurden, sodass sie im eigenen Blut ertranken.

Gleich vorne links im Meer, so zwischen Ebbe und Flut, da liegt der alte Stein, an dem sich die kleinen Fische versammelten und tanzten, tanzten, tanzten.

Es war, als wären ihnen Augen auf die Schuppen gefallen, denn sie sahen und erkannten den Sinn der fröhlichen Schöpfung.

Fragezeichen
Ab 14 Jahren

Es war in einer dunklen Nacht der Zukunft, als es am Rande der großen Menschenstadt plötzlich Bewegung gab. Erst war es nur ein Kottel, dann wurden es viele. Der eine große Kottel ging gebückt und fast auf allen vieren vorne an.

Nun, jeder kennt seinen Kottel, aber in dieser Nacht wirkte alles viel unheimlicher; denn die Pinduren kamen auch, und zwar in hellen Scharen, fratzig und schräg, kaum zu erkennen, unheimlich und langsam. Es war beinahe wie ein langer Heerwurm, der sich nun auf die ersten Häuser der Stadt zu bewegte. Ihm schlossen sich noch die Kaducken an, und die Lampinellen machten auch mit.

– Lieber Leser, wenn du an dieser Stelle fragst, was Kottel, Pinduren, Kaducken und Lampinellen sind, dann … (aber das musst du mit dir selber ausmachen).

Also in dieser schwarzen Nacht der Zukunft kamen sie alle auf die Häuser der Menschenstadt zu. Kein Lüftchen regte sich, kein Schnarcher war zu hören, wie ausgestorben lag das Häusermeer, kein Wächter wachte. Da fielen sie über die Menschen her, heißhungrig und gierig, wollüstig und besitzergreifend: Kottel stiegen durch die Nase ein, Pinduren kamen durch die Ohren, Kaducken legten sich auf die Augen, und Lampinellen strichen über die Haare.

Kein Mensch wachte, kein Mensch erwachte.

Am anderen Morgen wachte die Stadt glücklich auf, denn Kottel, Pinduren, Kaducken und Lampinellen sind die guten Träume, die die Schlafenden suchen.

Wie aber wäre es gewesen, wenn die anderen gekommen wären, die Gefährten der Angst?!

Keiner hätte gewacht. Keiner.

Moral: »Und das wollen Menschen sein?!«, sagte der Kottel.

Noch ist es Zeit
Sehr leise zu singen

2 Minuten, ab 18 Jahren

Meine Enkel werden in Müllhaufen spielen,
meine Enkel werden in Müllhaufen wühlen.
In Kunststoff und Chrom,
das wird ihr Dom,
wo sie die Vergangenheit anbeten,
und die Zukunft zertreten,
und mit Asbestsohlen
gehen sie über zerfledderte Dohlen,
deren Schnäbel zu müde waren,
durch den Gestank zu fahren.
Meine Enkel werden in Müllhaufen spielen,
meine Enkel werden in Müllhaufen wühlen.
Dann schämen sich sogar die langen Ratten,
die eigentlich immer noch Scheu vor den Menschen hatten,
vor den Menschen, als es sie noch gab,
die jetzt aber Bäuche ausschlürfen auf eigenem Grab.
Vielleicht geht dann ein einsamer Franziskaner
zusammen mit einem weiß gewordenen Afrikaner,
um das Erbe zu sammeln,
und ihr Gebet wird zum Stammeln
über den Pillenresten
und den Wegwerfkästen.
Meine Enkel werden in Müllhaufen spielen,
meine Enkel werden in Müllhaufen wühlen.
Dann werden sie zusammen mit den letzten Tieren
ganz einfach krepieren,
wenn wir nicht heute die Sonne begrüßen,
wenn wir nicht heute die Blumen begießen,
wenn wir nicht heute die Giftmischer bannen,

wenn wir nicht heute in Kübeln und Wannen
den Unrat der Zeit in den Tiefen verbrennen
und die Gefahr für die Zukunft erkennen.
Wenn wir nicht heute …
Doch, Leute,
wer denkt schon an seine Enkel!?
Da schlägt man sich lieber auf die satten Schenkel,
und lässt Menschen und Tiere im Tschad verdursten
und lässt die Werte des Menschseins verwursten,
preist sie an auf dem Markt von Chaos und Tod
und schlitzt sich die Bäuche auf über Scheiben von Brot.
Wenn wir nicht heute …
Doch, Leute, doch!
Noch ist die Milchstraße abends zu sehen,
noch kann man die meisten Wege gehen,
noch gibt es Menschen, die wollen denken,
noch können wir das Atom versenken.
Noch!
Wie lange noch?
Meine Enkel werden in Müllhaufen spielen,
meine Enkel werden in Müllhaufen wühlen.
In Kunststoff und Chrom.
Das wird ihr Dom!
Wenn …! – Aber wer ist bereit?
Noch ist es Zeit.

Der Fanatiker
oder: Der fromme Frosch

2 Minuten, ab 18 Jahren

Über eine lange Zeit hatten die Frösche ziemlich durcheinander gequakt, und beinahe jeder hatte so seine eigene Teichanschauung.

Da gab es welche, die beteten den Storch an, denn mit ihm hatten es ja alle zu tun. Er entschied über Leben und Tod. Ja, es gab Frösche, die trugen das Storchsymbol sogar beim Schlafen. Es war ein langer Schnabel, das Zeichen für Herrschaft und Schrecken.

Andere Frösche beteten die Fliegen an; von denen lebten sie ja. Auf den Altären standen riesige Nachbildungen, und manche Frösche schmückten sich mit Fliegenflügeln.

Wieder andere beteten ihre eigenen Kaulquappen an, ja, es gab eine ganze Quappenbewegung, und diese Quappisten verehrten den Nachwuchs, die Jugend und die Zukunft.

Es war ein heilloses Durcheinander im Reich der Frösche. Eines Tages bekamen sie ein dickes Buch mit vielen Seiten, und sie nannten es Pibel.

Da kam Bewegung unter die Frösche, denn die neue Lehre gab ihnen Freiheit und Wahrheit.

Einer der Frösche vertiefte sich besonderes eifrig in die Lektüre der Pibel. Er las: Du sollst Gott, deinen Herrn, lieben und deinen Nächsten wie dich selbst.

Er begann, die anderen zu bekehren:

Die Storchenanbeter, die Fliegenverehrer und die Quappisten. Immer tiefer begab er sich in das Geheimnis der neuen Lehre. Er hatte für nichts anderes mehr Zeit.

Er vernachlässigte seine Familie, kümmerte sich nicht mehr um den Haushalt, übersah die nächstliegenden Aufgaben und wurde selber teichfremd und einsam.

Als er merkte, dass er die Verbindung zu den anderen Fröschen verloren hatte, versuchte er es im Namen der Wahrheit mit Gewalt: Er benachrichtigte heimlich die Störche, sodass viele Frösche umkamen. Er gab auch heimlich den Fliegen einen Tipp, sodass eine Hungersnot ausbrach.

Schließlich traten viele Frösche aus seiner Bewegung aus und wandten sich den alten Religionen zu.

Da griff der Frosch zum letzten Mittel: Er sprach sich heilig.

Moral: Man soll es nicht für möglich halten, aber den Frosch gibt es heute noch.

Warum die Giraffen einen langen Hals haben

4 Minuten, ab 10 Jahren

Als Gott, der Schöpfer, zu Beginn der Welt die Tiere versammelte, machte er ihnen ein überraschendes Geschenk: Er gab ihnen die Fähigkeit zu reden. Er wollte, dass sich die Tiere miteinander unterhalten könnten, dass sie sich gegenseitig informierten, eben all das, was man mit der Sprache kann: Guten Morgen sagen und Gute Nacht! Wie geht es dir? Was macht deine Familie? So hatte es sich der Schöpfer gedacht, weil die Welt noch lebendiger werden sollte, noch schöner, noch bunter.

Vor allem die Vögel waren als erste sehr glücklich, weil sie endlich Texte zu ihren Melodien hatten. Besonders die Lerche tat sich hervor und jubelte von morgens bis abends. Aber auch die Nachtigall zeigt ja bis heute, was sie kann. Doch auch die anderen Tiere benutzten die Sprache, um zu beraten, um Beschlüsse zu fassen, Gedichte zu schreiben und Briefe.

So sah man, wie der junge Dachs oft da saß, grübelte und schließlich herrliche Verse schrieb, die die anderen Tiere auswendig lernten, so schön waren sie. Oder auch die weise Eule: Endlich konnte sie in Ruhe philosophieren und den anderen viel über den Sinn des Lebens sagen. Der Papagei, der große Spaßmacher, benutzte die Sprache, um viele Witze zu erzählen, sodass die anderen sich halb tot lachen wollten. Der Kranich, der berühmt war für seine Politik, hielt nun große Reden, und viele klatschten, weil sie endlich verstanden, was er meinte.

Ja, so gefiel es dem Schöpfer, und die Sprache wurde wirklich zu einem Geschenk des Himmels. Wenn jetzt ein Tier traurig wurde, konnte es über seine Traurigkeit reden,

war jemand glücklich, konnte er es aussprechen. So hatte es sich der Schöpfer auch vorgestellt, und die Welt war voll vom Reden, Singen, Schreiben und Lesen.

Aber unter den vielen Geschöpfen war eins, das aus der Reihe tanzte: die Giraffe. Sie war so neugierig, dass sie ihre Nase überall reinsteckte. Sie war so schrecklich neugierig, dass ihr Hals dabei immer länger wurde, denn sie kam ja mit den Ohren sonst gar nicht überall hin. Und dann wackelte sie vor Aufregung mit dem Kopf, denn was bekam sie da alles zu hören: Sie kriegte zum Beispiel mit, wie die Maus ihren Liebeskummer beichtete. Das war so ungeheuer aufregend, dass die Giraffe das sofort jedem erzählte, ob der es nun hören wollte oder nicht. – Sie hörte auch, wie die alte Schildkröte über ihre Krankheit erzählte. Sofort muss ich das den anderen sagen, dachte die Giraffe und tat es auch. – Eines Tages hörte sie, wie die Elster einen Diebstahl bekannte. Da hatte die Giraffe nichts Eiligeres zu tun, als es den anderen Tieren brühwarm weiterzuklatschen. So ging das jahrein, jahraus. Der Hals der Giraffe wurde immer länger, sodass sie zum Trinken ganz komische Verrenkungen machen musste. Schließlich konnte sie nur noch von den Bäumen fressen. Das Schlimmste aber war: Inzwischen hatte sie das Vertrauen der anderen Tiere verloren. Zuerst war es noch ganz gut gegangen, denn für ihre neuesten Nachrichten, wie sie es nannte, fand sie eigentlich immer Abnehmer. Aber dann sprach es sich herum, dass man der Giraffe wirklich nichts anvertrauen konnte. Mehr noch: Man durfte sie nicht einmal mehr einladen, wollte man nicht Gefahr laufen, tags darauf in aller Munde zu sein. So wurde die Giraffe sehr, sehr traurig; denn keiner wollte etwas von ihr wissen. Sie hatte allen Kontakt verloren, besaß keine Freunde mehr und wurde ganz einsam. Und alles war nur so gekommen, weil sie das himmlische Geschenk der Sprache missbraucht hatte.

Da ging die Giraffe in ihrem Kummer zum Schöpfer. Der

sagte ihr: Du kannst dich noch ändern; du musst schweigen lernen. Wichtig aber ist, dass du es den anderen weitersagst. – Deshalb sieht man heute noch, dass die Giraffen sich unter andere Tiere mischen, um sie vor der Einsamkeit zu warnen.

Moral: Die Giraffen sind mitten unter uns! Oder: Bin ich etwa eine?

Der Traum

2 Minuten, ab 10 Jahren

Er war sehr glücklich über den guten Tag, über das Gefüge der Zeit, das so dicht am Sinn war. Der Tag war wohl gut, weil er sich nicht geweigert hatte, dem einen Satz zu trauen: Ich brauche dich. So war er sehr glücklich über den Guten Tag, weil das Glück ein zerbrechliches Geschenk ist. Das Wesen aber des Schenkens ist die Liebe, wie das Wesen der Liebe das Schenken ist. Als er das erkannte, begann er seinen wichtigen Traum: Ich will Sonnenstrahlen züchten! Ja, das will ich: Sonnenstrahlen züchten. Dann machte er sich auf den Weg. Zuerst kam er in ein großes gläsernes Haus mit vielen, vielen Schildern. Dort traf er einen Mann in einem weißen Kittel.

»Entschuldigen Sie bitte«, sagte er, »ich brauche Hilfe, ich möchte Sonnenstrahlen züchten!«

»Da kann ich Ihnen nicht helfen«, sagte der andere, »wir produzieren hier nur Gonomaturene und Intoxiluren.« Dann verschwand der weiße Mann im gläsernen Haus.

Es dauerte nicht lange, da geriet er an ein Stahlgerüst. Da stand einer mit blauem Helm.

»Entschuldigen Sie«, sagte er, »ich brauche Hilfe, ich möchte Sonnenstrahlen züchten.«

Da sagte der Blaue wichtig: »Fremder Mann, ich bin für den Fahrstuhl zuständig, für nichts anderes, auch nicht für Sonnenstrahlen.« Der Blaue drückte auf den Knopf, und im Rattern der Räder verlor sich die Enttäuschung.

Der Weg führte ihn weiter in eine Bar. An der Theke sprach er das Mädchen an: »Können Sie mir helfen? Ich möchte Sonnenstrahlen züchten.« Sie zuckte nur kalt mit den Schultern und zischte: »Mach, dass du rauskommst, Kleiner!«

So geriet er schließlich auf einen großen Platz, wo es von Menschen nur so wimmelte, und immer wieder sprach er Leute an mit der Frage, ob sie ihm helfen könnten, Sonnenstrahlen zu züchten. Aber sie alle schüttelten den Kopf, wandten sich ab, machten hämische Bemerkungen oder lachten laut.

So ging er weiter und gelangte auf einen riesigen Hof, fand sich plötzlich vor lauter blank geputzten Stiefeln und hörte laute Kommandos. »Herr Soldat«, sagte er zu dem mit den blankesten Stiefeln, »ich brauche Hilfe, ich möchte Sonnenstrahlen züchten.« Keine Antwort. Da traf er im Park eine alte Frau, die mit einem Kind spielte. Auch sie fragte er und hörte zu seiner Überraschung: »Warum züchten? Hol sie dir!« Und dabei wies sie behutsam auf das Kind.

Wo ist Noah?

2 Minuten, ab 14 Jahren

Seit Jahrtausenden hüteten die Tauben den kleinen grünen Zweig, der als Zeichen des Lebens damals in der Arche gerettet wurde. Sintflut war gewesen, und ein paar Menschen hat das Leben mit ihm noch einmal in Obhut genommen. So erzählt es die alte Geschichte.

Jahrtausende waren vergangen, und wieder rollte eine Sintflut heran: Wogen von Egoismus mit Schaumkronen der Gier; Fluten von Aggression mit dem Geröll des Hasses; Wellenberge von Brutalität mit Strudeln von Terror. Unaufhörlich eine einzige Brandung, auf und ab, aber immer bedrückender. Und wer sein Leben auf Sand gesetzt hatte, der merkte bald, wie es unterspült und ausgehöhlt wurde. Und Angst kam über die Menschen, denn sie zitterten um ihre Deiche, die sie in aller Eile aufgeworfen hatten mit einem Gemisch aus Gesetz, Tradition, Geld und obenauf ein ganz klein wenig Hoffnung, die sich seltsam ausnahm auf diesem Berg von Zerbrechlichkeit.

Da nahm die Taube kurz entschlossen den kleinen Zweig und flog über das Land.

»Wo ist Noah?«, rief sie in die Regierung. Aber die Politiker waren so mit Terminen überlastet, mit Sitzungen und Gipfeltreffen, dass sie den Ruf der Taube gar nicht hörten. Und außerdem war auch der Ventilator so laut.

»Wo ist Noah?«, rief sie in die Kirchenleitungen aller Schattierungen. Aber die unterhielten sich gerade über die rückläufigen Kirchensteuern und entwarfen einen Aufruf nach dem anderen.

»Wo ist Noah?«, rief sie dann in die Konferenzzimmer der Schulen. Aber die Lehrer saßen über den Zensuren und arbeiteten an den Berichten und an anderen wichtigen Dingen.

Vom Suchen und vom Fliegen wurde die Taube müde.

»Wo ist Noah?«, fragte sie leise den Standortkommandanten. Aber das Geräusch der startenden Maschinen war so laut, dass niemand sie hörte.

»Wo ist Noah?«, flüsterte sie schließlich in die Gewerkschaftssitzung hinein. Aber das Streik- und Tarifgespräch war so heftig, dass keine der beiden Parteien sie hörte.

Da setzte sich die Taube erschöpft an den Weg und schlief ein.

»Ist das hier dein kleiner grüner Zweig?«, fragte der Junge. Die Taube erschrak. – »Wie heißt du?«, fragte sie. – »Ich heiße Noah!«, antwortete der Junge. – »Dann ist es dein Zweig!«, erwiderte die Taube. »Du bist Noah, du bist ein Kind, du bist die Arche der Hoffnung.«

»Das verstehe ich nicht!«, sagte er. Da erzählte sie ihm die alte Geschichte, und er erzählte sie weiter, und die anderen erzählten sie weiter, und die erzählten sie weiter …

Übrigens: Man kann sie täglich sehen, die kleinen Archen.

Nicht gewollt
Ab 14 Jahren

Das habe ich nicht gewollt, sagte die Tora-Rolle, und dachte voll Scham an Mord- und Totschlag, die in ihrem Namen geschahen und geschehen.

Das habe ich nicht gewollt, sagte die Bibel, und dachte voll Scham an Unrecht und Gewalt, die in ihrem Namen geschahen und geschehen.

Das habe ich nicht gewollt, sagte der Koran, und dachte voll Scham an Krieg und Versklavung, die in seinem Namen geschahen und geschehen.

Die drei standen im Regal der großen Buchhandlung. War es nun Zufall, oder war es Schicksal, war es Fügung oder sonst was: Die Tür ging auf, und herein kamen ein Jude, ein Christ und ein Muslim, die sich untereinander aber nicht kannten. (Aber wer kennt sich untereinander schon?!)

Sie gingen an den drei heiligen Schriften achtlos vorüber und kauften sich, als hätten sie sich verabredet, das Börsenblatt, die Bildzeitung und einen Kriminalroman, zahlten und verließen die Buchhandlung.

Das habe ich nicht gewollt, sagte das Grundgesetz, das gegenüber stand und seit Jahren darauf wartete, dass jemand käme, um es zu erwerben.

Auf der Suche nach Erfüllung

Engel, Kind, Weihnachten, Sucht, Freiheit, Angst, Teufel, Licht, Schöpfung, Wunder, Liebe.
Das sind Stichworte für Verschwiegene, für Menschen, die schweigen können, um Geheimnisse zu bewahren. Das tun sie so lange, bis die Erkenntnis gewachsen ist, und aus der Erkenntnis wächst die Entscheidung und aus der Entscheidung die Tat.

Die Weihnachtsgeschichte nach Matthäus im 2. Kapitel erzählt von den Weisen aus dem Morgenland. Wahrscheinlich waren es hochgelehrte Professoren der Universität in Babylon, deren Berechnung das große Himmelslicht zum Inhalt hatte, das Licht, das durch die Stellung von Jupiter und Saturn zustandekommt. Deswegen gingen sie auch zum Königshof des Herodes, weil sie meinten: Wenn ein königliches Licht am Himmel steht, muss auf Erden ein König geboren werden. Als sie später im Stall von Bethlehem Gott im Kind erkannten, legten sie sich glücklich und dankbar schlafen.
»Gott gab ihnen im Traum die Anweisung, nicht wieder zu Herodes zu gehen.«
Da wählten sie einen anderen Weg in die Heimat.

Lisas Engel
115 Minuten, ab 8 Jahren

I. Der Teufel auf der Gardinenstange *(20 Minuten)*
Sie wohnten am Rande der großen Stadt. Sie wohnten in einem kleinen Haus. Das kleine Haus hatte ein rotes Dach, die Wände waren weiß gestrichen, Fenster- und Türrahmen leuchteten blau. Es war ein wunderschönes kleines Haus. Im Sommer blühten viele Rosen in der Straße. Die alte Kastanie bot Schatten bei heißem Wetter, und die Leute waren eigentlich immer freundlich zueinander.

Dort also wohnten sie, die Frau, der Mann und Lisa.

Der Mann hatte gute Arbeit im Sägewerk. Die Frau verdiente manch gute Mark nebenher durch Stricken und Sticken. Darin war sie geschickt, und in den langen Wintern hatte Lisa sich schon viel abgesehen vom Können der Mutter.

In diesem Sommer hatten sie ein großes Straßenfest gefeiert. Der gemischte Chor aus dem Nachbardorf hatte gesungen, ein Zauberer hatte seine Künste gezeigt, ein Stelzenläufer hatte die Kinder begeistert, und es hatte Würstchen gegeben, und Eis, und Brause, und Bratkartoffeln, und Fisch, und überhaupt. Getanzt hatten sie und gespielt, es war einfach herrlich, dieses Straßenfest. Auch Oma Stillering hatte später gesagt: So was Schönes hätte sie noch nie erlebt.

Lisa ging oft zu Oma Stillering. Die konnte so gut erzählen. Meistens musste sie allerdings erst ihre Zähne suchen. Doch dann wusste sie die schönsten Geschichten der Welt und die schönsten Träume. Oma Stillering sagte immer wieder: »Lisa, pass auf deine Träume auf, hüte sie gut; denn mit den Träumen kommen die Engel.«

Lisa war damals acht Jahre alt. In zwei Jahren würde sie zehn. Das sollte groß gefeiert werden, der erste Geburtstag mit einer Null. Das war sie schon dem lieben Gott schuldig; denn das hatte Oma Stillering auch gesagt: den lieben Gott müsse man immer mit einladen.

So war also das Straßenfest zu Ende gegangen. Anderntags wurde aufgeräumt. Die Straße war wieder leer, aber die Herzen waren voll, und Willibald war auch wieder zu Hause. Willibald war der Papagei von Onkel Servitorius. Er hatte den Vogel von See einst mitgebracht, von einer seiner großen Fahrten. Onkel Servitorius behauptete, er sei Käpt'n gewesen. Weil er es so wollte, nannte ihn auch jedermann höflich Käpt'n. Alle aber wussten, dass er nur Hafenarbeiter gewesen war und wegen eines Herzfehlers frühzeitig Rente bezog. Onkel Servitorius hieß eigentlich richtig Meiermann. Aber sie nannten ihn Servitorius, weil dies das einzige Wort war, das der Papagei krächzend aussprechen konnte.

Das alles spielte wohl auch kaum eine Rolle. Wichtig für Lisa war, dass sie auch bei Onkel Servitorius gute Geschichten hörte, andere zwar als bei Oma Stillering, aber eben auch gute.

So lag über dem Pfeifengang – denn so hieß die Straße – fast ein kleiner Zauber und Glanz. Das lag daran, dass die Herzen der Menschen so froh waren. Das freute besonders die Kinder.

Aber dann kam jener schwarze Donnerstag, der zuerst begann wie jeder andere Tag. Aufstehen, Waschen, Zähneputzen, Frühstücken, Schule. Wie jeder andere Tag.

Als Lisa nach Hause kam, fand sie die Tür verschlossen. Sie rief und suchte, sie suchte und rief. Es war keiner zu Hause. Angst stieg in ihr auf, klebrige, gelbe Angst.

Angst ist wie ein Fliegenfänger, hatte Oma Stillering einmal gesagt, klebrig und gelb. Man kommt nicht los.

Jetzt war sie da, diese Angst, und Lisa lief schnell die wenigen Türen weiter zu Oma Stillering.

»Sei ruhig, mein Kind«, sagte diese, »komm her, sei ganz ruhig.«

»Was ist passiert?«, fragte Lisa.

»Dein Vater hatte einen Unfall im Sägewerk. Er hat die rechte Hand verloren. Jetzt wird er im Krankenhaus operiert. Deine Mutter ist hingefahren, und ich soll dir sagen, du sollst ganz ruhig sein und hier bei mir auf sie warten.«

Lisa schien es, als sei der Pfeifengang plötzlich zu einem mächtigen Tunnel verdunkelt. Sie konnte die Nachricht nicht ganz verstehen, schon gar nicht, was es bedeutet, die rechte Hand zu verlieren. Da war es schon besser, bei Oma Stillering zu sein. Gedankenabwesend wusch sie sich die Hände und aß tatsächlich von dem wunderbaren Pfannkuchen, den Oma Stillering so unnachahmlich machen konnte mit Blaubeeren und dazu noch Sirup. Danach schlief sie.

Dann bat sie um Erlaubnis, ein wenig spazieren gehen zu dürfen. »Bleib nicht zu lang«, sagte Oma Stillering leise und gab Lisa einen Kuss. Das tat gut.

Lisa ging bis ans Ende der Straße und noch ein wenig darüber hinaus, wo die Wiesen begannen und der kleine Bach floss. Dort setzte sie sich auf den riesigen Findling. Es war ihr Denkstein. Sie nannte ihn so, weil sie hier immer allein war und gut über schwierige Dinge nachdenken konnte. Was hatte sie hier schon alles gedacht:

Warum es regnet? Oder: Warum das Meer salziges Wasser hat? Oder: Warum Menschen auf zwei Beinen gehen? Oder: Woher der Wind kommt? – Sie fand, dass das immer ganz wichtige Fragen waren.

Die Erwachsenen würden sicher über so etwas lächeln. Höchstens Oma Stillering nicht. Onkel Servitorius wahrscheinlich auch nicht. Die Mutter hatte immer keine Zeit. Und der Vater spielte doch nur Karten und sagte, er sei von der Arbeit zu müde für solchen Kinderkram. Also war sie stets zu ihrem Denkstein gelaufen.

So auch heute. Aber diesmal blieb der Stein stumm. Das

Denken wollte ihr einfach nicht geraten. Sie kam überhaupt nicht weiter. Sie wartete nun, ob sich ein Traum einstellte. Es kam aber auch kein Traum. Also kam auch kein Engel, wenn Oma Stillering Recht hatte.

Enttäuscht und traurig ging sie zurück. Vor Oma Stillerings Haus wartete schon die Mutter, schloss sie in die Arme, streichelte ihr über das Haar und sagte nur: »Komm.«

Zu Hause erzählte sie ihr, wie sich alles zugetragen hatte. Der Vater sei mit seiner rechten Hand in die Kreissäge geraten, und schon war das Unglück geschehen. Vielleicht könne er eines Tages eine künstliche Hand bekommen. Jetzt aber sei er ganz schrecklich dran. Sie erzählte Lisa, dass der Vater weine, nicht vor Schmerzen, sondern aus Angst vor der Zukunft. Er sei im Krankenhaus gut aufgehoben, und sie beide müssten nun ganz stark sein, weil die kommenden Wochen sehr schwer werden würden.

Abends, auf der Bettkante, betete die Mutter mit Lisa. Das hatte sie immer getan, der Vater nie. Heute war es aber noch mehr. Die Mutter weinte dabei. Als sie sich den Gutenachtkuss gaben, war sie wieder da, die klebrige gelbe Angst.

Lisa lag lange wach im Dunkel. Ganz still war es im Zimmer. Da zog ein Traum in ihr Herz. Wie ein Licht kam er, ganz hell und wundervoll glänzend. Beinahe wie ein großer Stern, der über den dunklen Himmel zieht. Der Traum senkte sich tief in ihre Seele. Lisa schlief ruhig und atmete gleichmäßig.

Im Traum aber sah sie den Engel, der am Denkstein nicht kommen wollte. Es war ihr Engel, nach dem sie sich immer gesehnt hatte. Aber seltsam: Der Engel wechselte immerzu seine Gestalt: Erst war er Licht gewesen, einfach nur Licht, ohne Docht und ohne Wachs, leuchtendes Licht. Jetzt war er plötzlich eine große Hand, die sich selbst hinhielt. Im nächsten Augenblick war aus der Hand eine Musik geworden, eine Musikgestalt, buchstäblich ein Klang-Körper, aber ohne Gesicht, nur Klang. Danach war der Engel wie eine Wolke, sanft und wattig, wie ein nächtliches Himmelsfahrzeug, ganz schnell und unendlich langsam, weich und wollig. Für Sekunden bekam der Engel das Gesicht von Oma Stillering, und eine Schürze trug er auch. Ein Engel mit Schürze. Nun war der Engel nur noch ein Auge, aber ein Auge mit Zwinkern. Lisa drehte sich etwas im Bett. Ihre Seele war glücklich. Und der Augenengel sah sie an, blinzelte ihr zu, und sie wusste im selben Augenblick, dass sie behütet war.

Am nächsten Nachmittag vertraute sie Oma Stillering ihren Traum an: Ein Lichtengel, ein Handengel, ein Musikengel, ein Wolkenengel, ein Engel mit Schürze und ein Augenengel, aber immer derselbe Engel.

Oma Stillering sagte nur: »Lisa, Lisa, ich habe über 80 Jahre lang auf so etwas Schönes gewartet. Hüte dein Geheimnis. Du wirst es brauchen.«

Der Besuch im Krankenhaus war furchtbar. Lisa hatte einen schrecklichen Schreck gekriegt, als sie den Vater sah. Er hatte verweinte Augen, sprach zunächst kein Wort, wandte ihnen sein Gesicht nicht zu, sein Gesicht schien zu einer Tränenmaske erstarrt, und es schien, als habe er seine Sprache verloren. Lisa gab ihm zaghaft einen winzigen Kuss auf die Wange und legte ihm den Strauß aus Blutweiderich aufs Kissen. Den hatte sie im Graben dicht am Denkstein gepflückt. Heimlich hoffte sie, dass der Strauß dem Vater einen Traum bringen würde und auch einen Engel.

Da lächelte der Vater. Aber es war ein totes Lächeln. Lisa gab sich viel Mühe, den Kranken etwas aufzuheitern. Sie erzählte ihm, dass der Papagei von Onkel Servitorius dem Organisten auf die Schulter gekackt habe. Ja, sie benutzte dieses Wort; denn Onkel Servitorius hatte es ja auch benutzt. Aber der Vater lachte nicht.

Ihr Besuch dauerte nicht lange. Die Eltern besprachen

noch einige Dinge des Alltags. Dann verabschiedeten sie sich.

Eine Woche später kam der Vater nach Hause. Er trug einen großen Verband. Mit links war er ungeschickt. Die Mutter musste ihm bei allem helfen. Vor allen Dingen das Ausziehen und das Waschen, das Anziehen und das Essen machten ihm Mühe. Finster ließ er sich die Hilfe gefallen. In der Küche erklärte die Mutter Lisa, dass das immer so sei, er schäme sich nur, er könne die Abhängigkeit nicht ertragen, und Lisa müsse nun ganz viel Geduld haben, wenn sie ihrem Vater helfen wolle.

Lisa nickte und versprach es. Trotzdem wollte es ihr nicht einleuchten, dass ein Mensch sich so verändern konnte. Aber sie gab sich Mühe und las ihrem Vater in der Folgezeit jeden Wunsch von den Augen ab, erntete zuweilen dafür ein gemurmeltes Danke, mehr aber nicht.

Die Tage gingen ins Land. Herbst war gekommen. Es hatte sich so ergeben, dass Lisa regelmäßig ihre Schularbeiten bei Oma Stillering machte. Auch ihren Denkstein besuchte sie oft. Heimlich nannte sie ihn Engelsstein. Aber die Träume blieben aus und mit ihnen der Engel. Die tiefe Sonne machte die Bäume immer bunter, und Spinnweben glitzerten und schaukelten im kleinen Wind. Wenn Blätter torkelnd wie trunken von den Bäumen fielen, verfolgte Lisa sie mit den Augen, bis sie auf der Erde lagen. Torkel-Blätter-Zählspiel nannte sie das. Es machte Spaß, aber Lisa war traurig, wenn ihr bei so vielen Blättern das Zählen nicht gelang.

Wenn das Wetter es erlaubte, schob sie das Nachhausegehen so weit wie möglich hinaus. Der Mutter standen die Sorgen ins Gesicht geschrieben. Gelacht wurde eigentlich gar nicht mehr. Der Vater bewegte sich nicht mehr aus dem Haus. Er schloss sich im kleinen Keller ein, wo seine Werkstatt war. Aber nie hörte man ihn dort arbeiten. Spät kam er nach oben. Lisa lag dann längst im Bett.

Jede Nacht aber war nun die Hölle los. Durch Tür und Wand konnte Lisa hören, was sich die Eltern vorwarfen. Der Vater schrie und drohte, hämmerte mit der einen Hand gegen die Scheiben, und auch die Mutter schrie, wobei sie mehr weinte. Lisa verstand, dass sie nun mit weniger Geld auskommen mussten, aber sie verstand nicht, dass zwei Menschen sich so traurig machen konnten.

Besuch bekamen sie überhaupt nicht mehr. Früher hatte wenigstens der Postbote ein paar Minuten Zeit für ein kleines Gespräch gehabt. Jetzt hatte er angeblich nie Zeit.

In einer dieser schlimmen Nächte hörte Lisa furchtbare Schläge und den spitzen Schrei ihrer Mutter. Dann war es still, still wie auf einem Friedhof. Als Lisa am nächsten Morgen zur Schule gehen wollte, sah sie, dass ihre Mutter im Gesicht schlimm aussah. Außerdem schien sie den einen Arm nicht recht bewegen zu können.

»Ich bin gefallen, als ich zum Keller wollte«, sagte die Mutter. »Bitte, sag es niemandem.«

Lisa wusste, dass die Mutter log. Das Gesicht war plötzlich nicht mehr so schlimm, aber die Lüge. Niemals hätte sie sich denken können, dass die Mutter sie anlügen könnte. So nickte sie nur mit dem Kopf, ging leise aus dem Haus, aber nicht zur Schule. Sie klingelte statt dessen bei Oma Stillering, deren gute und weise Augen wohl im selben Augenblick erkannten, dass Lisa eine Zuflucht brauchte. Die alte Frau kochte eine duftende Schokolade, und dann ließ sie sich alles erzählen.

Das mit der Lüge, meinte Oma Stillering, das müsse Lisa der Mutter verzeihen; denn diese hätte sicher nichts Schlimmes gedacht, sondern sich nur geschämt, geschämt vor dir, kleine Lisa. Und das andere, das braucht Zeit, viel Zeit.

Aber in den kommenden Wochen wurde alles nur schlimmer. Lisa hörte die Schläge, hörte das Wimmern, hörte das Gebrüll des Vaters und versteckte sich unter der Bettdecke. Sie merkte auch, dass das Geld knapper geworden war. Es kam kaum noch Fleisch auf den Tisch. Neue Anziehsachen hatte Lisa seit vielen Wochen nicht mehr bekommen.

Doch da war noch etwas anderes, Fremdes, Bedrohliches, was Lisa bislang nicht kannte. Zog sich der Vater ins Brüllen und Schlagen zurück, so hatte die Mutter seit geraumer Zeit oft glasige Augen. Zuweilen meinte Lisa, die Mutter schwanke ein wenig. Neulich war sie auch an der Treppe gestolpert. Im kleinen nachbarlichen Gespräch mit Oma Stillering hatte Mutters Zunge nicht so richtig gewollt. Lisa hatte das Onkel Servitorius anvertraut. Sie war der Meinung, dies könne man besser mit einem Mann besprechen. Er setzte sich ans Fenster, stopfte langsam und bedächtig seine Pfeife, setzte sie ebenso langsam und bedächtig in Brand, sog und schmauchte und blies den Qualm ins Zimmer, bevor er Lisa bat, Platz zu nehmen.

»Das ist Schnaps«, sagte er unvermittelt. »Deine Mutter trinkt Schnaps. Ist ja auch klar, von Milch kriegt sie keinen Rausch. Und einen Rausch braucht sie.«

»Warum?«, fragte Lisa. »Weil sie dich hat«, antwortete der Mann.

»Versteh ich nicht.«

»Weil sie dich liebt«, ergänzte der Mann.

»Und?« »Weil sie keine Kräfte mehr hat. Ging mir auch so, damals, früher. Ist verdammt lange her, aber manchmal meine ich, es war gerade gestern. Weißt du, Lisa, dann sitzt der Teufel auf der Gardinenstange und lacht dich aus. Dem möchtest du was zwischen die ekligen Hörner schmeißen. Aber du schaffst es nicht.«

Lisa weinte. Der Mann rauchte. »Es muss ein Wunder geschehen, Lisa, ein richtiges Wunder. Aber Wunder geschehen nicht, wenn man es will.«

»Und wenn ein Engel käme?«, hauchte Lisa.

»Ja«, sagte der Mann, »ein Engel, ein richtiger Engel, der dem Teufel auf der Gardinenstange eins zwischen die Hörner geben würde mit einem goldenen Schwert.«

»Engel haben keine goldenen Schwerter«, widersprach Lisa.

»Woher weißt du das?«, fragte Onkel Servitorius.

»Hab ich gesehen, hab ich gesehen, Engel sind Musik und Licht und Auge und so etwas. Aber das verstehst du nicht.«

»Besser, als du denkst«, murmelte der Alte, »besser, als du denkst.«

Nachdenklich war Lisa nach Hause gegangen. Ein Wunder müsste es geben und einen Engel. Immer wieder sagte sie das vor sich hin.

Am folgenden Tag machte sie obendrein noch eine hässliche Entdeckung: Im Garten, hinter dem kleinen Schuppen, lagen unter einer leeren Kiste viele helle leere Flaschen. Jetzt war ihr auch klar, warum die Mutter abends oft sagte, sie müsse noch mal ums Haus gehen, um nach dem Rechten zu sehen. Abends im Bett sah Lisa all diese Flaschen vor sich, und sie bekamen Gesichter, nein, sie bekamen hässliche Fratzen. Sie tanzten vor ihr auf der Bettkante.

Da musste sie an den Teufel auf der Gardinenstange denken. Aber an den Fratzenflaschen merkte sie auch, dass Mutter und Vater, die beiden liebsten Menschen, in großer Gefahr waren.

In dieser Nacht schrieb Lisa mit kleiner steiler Schrift einen hemmungslosen Brief. Sie sollten sich aber keine Sorgen machen, nein, das brauchten sie nicht. Aber sie müsse nun fort, weil sie das Wunder suchen und den Engel finden wolle. Die Eltern würden das schon verstehen und sollten ja keine Angst haben. Den Brief legte sie auf ihr Kopfkissen.

Dann packte sie eilig ihre kleine Reisetasche, zog sich warm an, schlüpfte auf leisen Sohlen in die Küche, nahm etwas zu essen mit und verschwand unhörbar durch einen Spalt des niedrigen Fensters in die Nacht.

Am anderen Morgen lasen die Eltern den Brief. Fassungslosigkeit und Panik erfassten sie. Sie machten Meldung bei der Polizei. Aber Lisa blieb verschwunden.

Nun kam der Vater fast nie mehr aus dem Keller, und die Mutter trank.

II. Der Tanz des Zwerges *(25 Minuten)*
In dieser Nacht war Lisa auf ihrem Weg in die große Stadt an ein leeres Fabrikgelände gekommen. Irgendwo musste sie schlafen, sagte sie sich, und ein klein wenig bereute sie schon, heimlich davongelaufen zu sein; denn sie begann zu frieren und zu zittern, wohl auch aus Angst.

Sie huschte durch eine Tür in das Innere des großen Gebäudes, wo es plötzlich nach Pferd roch und nach Mist. Sie blieb stehen und hörte Geräusche, als wenn viele Wesen zugleich einatmeten und ausatmeten. Da war ebenso plötzlich ein kleines Licht, und wie herbeigezaubert stand vor ihr ein kleiner Mensch. Er hielt ihr die Stalllaterne vor das Gesicht, und Lisa wollte umdrehen und weglaufen, als der Kleine mit herzlicher Stimme bat: »Bleib hier! Bleib hier. Du brauchst keine Angst zu haben. Hier schlafen Mensch und Tier.«

»Wer bist du?« Lisa flog am ganzen Leibe.

»Ich bin Merlin, der Zwerg. Jedenfalls nennen mich alle hier so.«

»Und die andern?«

»Wir sind ein kleiner sterbender Zirkus. Dies ist unser letztes Winterlager. Zu mehr reichte das Geld nicht.«

»Wie alt bist du?«, fragte Lisa.

»Ich bin über 60 Jahre alt.«

»Warum bist du denn so klein wie ich?«, wollte Lisa wissen.

»Man nennt uns Lilliputaner oder auch Zwerge. Es hat eben nicht zu mehr gereicht. Wir Kleinen sind einfach klein geblieben. Wir können nichts dafür.«
»Ich bin auch klein«, sagte Lisa. »Ja«, meinte der Zwerg, »aber du wirst wachsen.«
»Ist es schlimm, klein zu sein?«
»Komm«, sagte Merlin, »darüber reden wir später.«
Inzwischen waren lauter kleine Laternen aus dem Stroh gekrochen, und hinter jeder Laterne gewahrte Lisa ein Gesicht, etwas verzerrt durch die nächtlichen Schatten, aber allesamt freundlich. Sie bildeten einen Kreis, Lisa setzte sich auf einen Strohballen und erzählte, so gut sie konnte, kurz ihre Geschichte. Als sie fertig war, sagte niemand ein Wort. Alle waren ganz still. Sie fügte schnell noch hinzu: »Ich suche ein Wunder und einen Engel.« Aber die Menschen um sie herum schwiegen.
Mit einer leisen Gebärde wies Merlin Lisa ihren Schlafplatz an. Die anderen zogen sich wie glitzernde Schatten zurück, und es wurde dunkel in der alten Fabrik. Lisa spürte, dass sie nicht allein war, sie streckte ihre Hand aus. Merlin war da. Er nahm ihre Hand und fragte sie leise: »Kannst du beten?« »Ja«, sagte Lisa. »Dann tu es«, sprach der Zwerg. Im Nu war er verschwunden.
Lisas Gebet bestand nur aus Fetzen. Aber sie hatte den lieben Gott eingeladen, wie Oma Stillering es ihr geraten hatte. Der würde die Fetzen gewiss glätten und verstehen. So schlief sie ein.
Da kam ein Traum in die alte Fabrik und setzte sich in Lisas Seele. Der Traum wuchs und wuchs zum Engel. Auch dieser Engel wechselte seine Gestalt: Zuerst bestand er nur aus Fuß, dann war er nur Mund, ein Engel ganz Mund! Aber dann merkte Lisa im Traum, wie der Engel zum Hauch wurde, dann zum Wind und schließlich zum Sturm. Alles bog und bewegte sich in die Richtung, die der Engel wollte. Ganz hinten im Sturm sah Lisa das Gesicht ihrer

Mutter auftauchen. Doch schon war es wieder verschwunden. Bald danach verließ der Traum Lisas Seele, und sie schlief tief und fest und gut.

Als sie aufwachte, merkte sie nicht einmal, dass der kalte Tag schon angebrochen war. Sie richtete sich auf und wusste schnell, dass Merlin ihr fürsorglich warme Decken übergelegt hatte. Als sie sich umsah, nahm sie auch die anderen wahr: das Pony und das Hängebauchschwein, den Papagei und das Dromedar und die wenigen Menschen, die gerade dabei waren, eine kleine Mahlzeit vorzubereiten.

Sie stand auf und ging von einem zum andern, um sie zu begrüßen. Und alle lächelten sie freundlich an. Keiner fragte sie etwas, aber jeder hatte ein gutes Wort für sie. Da fühlte sie sich wohl, sehr wohl. Merlin lächelte breit, und aus seinem großen, übergroßen Gesicht schmunzelten ihr zwei vergnügte Augen entgegen.

»Wie heißt du?«, fragte Merlin. »Ich bin Lisa.«

»Lisa, es wird ein langer Tag. Wir haben viel vorzubereiten; denn heute Abend wirst du eine große Überraschung erleben. Doch sag mir vorher, ob du sieben Tage mit uns leben willst.«

»Ja, das will ich«, sagte Lisa und gab ihm darauf ihre Hand.

Der Zwerg hatte Lisa gebeten, nach dem Frühstück in dem alten Wohnwagen zu bleiben, der draußen neben der Halle stand. Er meinte, sie würde schon wissen, was mit dem Tag anzufangen wäre.

So geschah es. Als sie den Wagen Merlins betrat, sah sie sich behutsam um. Ihre Augen blieben an den vielen kleinen und großen Bildern und Plakaten hängen. Aus allen leuchteten die verschmitzten Augen des kleinen Menschen.

»Lisa!« – Erschrocken wandte sie sich um. Merlin war unhörbar hereingekommen.

»Lisa, wenn du einem Riesen begegnest, dann prüfe, ob es nicht der Schatten eines Zwerges ist.«

Dann nahm er sich schnell seinen Schal und verschwand.

Lisa sprach den Satz vom Riesen immer wieder vor sich hin, bis sie meinte, ihn auswendig gelernt zu haben. So machte sie es immer mit wichtigen Sätzen. Denn erst, wenn sie etwas genau wusste, begann sie mit dem Nachdenken. Aber diesmal gelang es ihr nicht. Sie vermisste ihren Denkstein, sie vermisste Oma Stillering und auch Onkel Servitorius. Mit dem Denken kam sie allein nicht weiter. Also schloss sie den Satz ein, damit er ihr nicht entwischen konnte, und sah sich weiter in Merlins Wagen um.

Da hinten war ein großer Spiegel, und vor dem Spiegel stand ein Tischchen, und auf dem Tischchen lagen Farben und Tücher. Das Bett war ein Kinderbett, das Waschbecken war ein Kinderbecken, die kleine Bank hatte Kindeshöhe, der Schrank hatte Kindeshöhe, der Garderobenhalter hatte Kindeshöhe. Lisa lächelte. Ein Wagen, fast für sie gemacht. Aber es war Merlins Wagen.

Dann stieß sie auf ein Hochzeitsbild: Merlin umarmte eine Frau. Seine Frau? Wenn man die erwachsenen Gesichter nicht sah, konnte man meinen, zwei Kinder spielten Hochzeit. Lisa schämte sich ihrer Gedanken; denn sie hatte den kleinen Menschen längst lieb gewonnen. Er war ein erwachsener Mann, und er war gut, und er hatte ein Herz, und er kannte gute Sätze.

Neben dem Bett stand eine kleine Lampe, und neben der Lampe lag ein dickes Buch. Lisa las langsam laut: Die Bibel.

Lisa sah sich weiter um und dachte, es könnte nichts schaden, diesen Wagen ein wenig in Ordnung zu bringen. So hatte es immer die Mutter gesagt.

Ach, die Mutter – sie war so weit weg, und in diesem Augenblick war sie doch so nah.

Handfeger und Kehrblech waren schnell gefunden. Staubtuch und Staubwedel fanden sich auch ein. Sie merkte bei der Arbeit gar nicht, wie die Zeit verflog. Zwischendurch dachte sie einmal daran, wie es wohl weitergehen würde, wenn die sieben Tage erst um wären. Aber dann machte sie weiter, sang sogar ein kleines Lied und war überrascht, als Merlin den Wagen betrat und sich wortlos an das kleine Tischchen vor den Spiegel setzte.

Hier begann er, die Farben zu sortieren, und Lisa erlebte mit, wie der Zwerg sich in einen Clown verwandelte. Das Weiß legte er breit über und unter seine Augen. Mit einem kräftigen Blau zog er die Konturen. Die Nase bekam natürlich ein leuchtendes, glänzendes Rot. Lippen, Kinn und Oberlippe erhielten auch ihr Rot, von Weiß begrenzt. Schließlich zog Merlin mit einem schwarzen Stift die Augenlinie verlängert nach außen. Als er sich die rötliche borstige Fastglatze aufsetzte, musste Lisa laut lachen.

»Siehst du«, sagte Merlin leise. »Das ist es: Die Menschen lachen über das Verrückte, das Absonderliche, das Grelle, das Abnormale, über die Karikatur.«

Er merkte, dass er Worte benutzte, die Lisa nicht verstand. Deshalb fügte er erklärend hinzu. »Die Menschen lachen über das Außergewöhnliche, über alles, was sie nicht verstehen, was ihnen komisch vorkommt. Warte ab, Lisa, du wirst es noch erleben.«

»Wer ist die kleine Frau auf dem Hochzeitsbild?«, fragte Lisa unvermittelt.

Merlin antwortete erst nicht. Dann aber sagte er stockend: »Das war meine Frau, eine wundervolle Frau, sie ist bei einem Zirkusfeuer verbrannt.« – Mehr sagte er nicht. Doch Lisa sah im Spiegel, wie dicke Tränen über sein Gesicht liefen.

Flink zog sich Merlin seine schwarzen Pluderhosen an, warf das Wämschen über, machte vor Lisa einen galanten Kratzfuß und bedeutete ihr, jetzt mit ihm aus dem Wagen zu kommen. Draußen bot er ihr seinen Arm, und so gingen sie beide in das alte Fabrikgebäude.

Lisa kam aus dem Staunen nicht heraus. Da lagen Strohballen in großem Rund. Sie bildeten die Manege. An einer Stelle waren vier Ballen zu einem fast königlichen Sitz aufgebaut. Merlin führte Lisa dorthin und bat sie, obenauf Platz zu nehmen. So begann die Vorstellung.

Der kleine Joseph, Merlins Bruder, spielte Mundharmonika, und die anderen Künstler klatschten. Als die Musik vorbei war, trat Stephan Beierfuß in die Manege – das war der Direktor –, begrüßte das hochverehrte Publikum, wobei er sich vor Lisa verneigte, und gab das Programm frei.

Zuerst trat die dicke Milly auf. Sie hatte ihren Pudel dressiert. Der konnte tolle Kunststücke. Er sprang durch Feuerreifen und hinterher der dicken Milly auf die Schulter. Lisa hatte großen Spaß an dieser Nummer, und sie begriff, dass die freundlichen Menschen alles nur für sie vorbereitet hatten.

Nach der dicken Milly trat Assad, der Feuerschlucker, auf. Er beherrschte seine Kunst, und Lisa traute ihren Augen kaum, als er die lange Flamme in seinen Schlund ließ, um sie anschließend wieder in hohem Bogen auszuspucken. Lisa klatschte begeistert.

Jetzt kam das Hängebauchschwein. Hinter ihm betrat Alwin, der Klopps, so wurde er genannt, die Manege. Alwin war sehr dick. Das Hängebauchschwein war sehr dick. Die beiden boten eine lustige Nummer. Sie saßen und sahen, sie sahen und saßen. Es geschah nichts, einfach gar nichts. Lisa war begeistert. Begeistert von nichts.

Nach dem herrlichen Applaus ritt Frontzek, der Fremde, auf dem Dromedar herein. Die beiden vollführten Reiterkunststücke aus der Wüste, und Lisa staunte über die Eleganz des Tieres und über den Mut des Jungen.

Dann spielte Joseph wieder Mundharmonika.

Das alles dauerte viel länger, als man es erzählen kann; denn lange schon war es dunkel geworden, drinnen leuchteten die Laternchen, und es war mucksmäuschenstill, als Merlin, der Clown, die Manege betrat. Er verneigte sich tief und voller Würde vor Lisa auf den vier Strohballen. Dann nahm er Aufstellung, verschränkte die kurzen Arme vor der Brust, gab dem kleinen Joseph ein geheimes Zeichen, und der Tanz begann.

Merlin tanzte. Er tanzte vergessen und versonnen, schien nichts mehr um sich herum wahrzunehmen und zauberte zu den zarten Klängen der Mundharmonika Figuren in die alte Fabrikhalle, wie sie die Welt wohl noch nie gesehen hatte. Zuerst schien er ein großer König zu sein; denn stolz und gockelhaft machte er Schritte wie zu einem großen Empfang im Saal oder im Salon.

Lisa klatschte. Dann schien er ein wilder Ritter zu werden. Auf seinen kurzen Beinen galoppierte er rund um die Manege, legte zum Schein eine lange Lanze zwischen Arm und Oberkörper, warf das Visier herunter und ritt gegen den Widersacher. Oma Stillering hatte Lisa die Geschichte vom Ritter Don Quichote erzählt. Daran wurde sie jetzt erinnert. Aber der Kleine ritt nicht gegen Mühlenflügel, er ritt gegen Ärgeres, er ritt gegen den Teufel. So kam es Lisa jedenfalls vor. Am Ende des getanzten Rittes schien er die Lanze fortzuwerfen und sank selber auf den Boden.

Niemand klatschte, obwohl es so komisch aussah, urkomisch sogar. Der kleine Joseph spielte weiter. Es wurde eine lustige Polka, und Merlin warf die Arme und Beine zum Rhythmus, dass es eine helle Freude war. Er hüpfte wie ein Kobold, schnaufte und prustete wie von Sinnen, und Lisa kam es vor, als tanze der Kleine inmitten von lauter Kobolden. Sie musste sich die Augen wischen, weil sie meinte, die Schar der Kleinen tanzen zu sehen.

Joseph wechselte die Melodie. Er spielte lang gezogene, traurige Töne, zu denen Merlin langsam und bedächtig vorwärts schritt, dann wieder zurück, etwas nach links, dann nach rechts, und er holte das große rotweißkarierte Taschentuch heraus, mit dem er sich während des Tanzes die Augen wischte. Die ganze Traurigkeit der Welt war plötzlich an diesem kleinen Menschen, und Lisa musste weinen, so sehr ergriff sie die Trauer Merlins.

Ganz plötzlich veränderte sich die Musik wieder, und mit ihr wurde der Clown zu einem kleinen Mädchen. Flink hatte er mit den Händen einen Rock angedeutet, machte ein paar trippelnde Schritte und fuhr sich durch das Haar, als sähe er in einen Spiegel. Dann pflückte er zum Schein ein paar Blumen vom Boden der alten Fabrikhalle, warf sie gekonnt Lisa zu, die so tat, als finge sie sie auf, und begann wieder zu tanzen. Es wurde ein bunter Frühlingstanz mit Heißa und Juchhe, mit Sprüngen und Dienern, mit Tänzeln und Gebärden. Lisa hätte am liebsten mitgemacht. Da merkte sie, dass Merlin alles tanzte, was sie erlebt hatte, und sie warf ihm einen Handkuss zu.

Als dieser Tanz zu Ende war, kullerte Direktor Beierfuß einen großen leichten Ball in die Manege. Merlin sah ihn, stutzte, blieb vor ihm stehen, gab Joseph ein Zeichen, und schwere Klänge erklangen. Da bückte sich Merlin und schien die Kugel mit Ächzen zu heben, stemmte sie mit beiden Händen auf ausgestreckten Armen nach oben, und jedermann wusste sogleich: Der Zwerg trägt die Welt. Sein geschminktes Gesicht strahlte. Breitbeinig begann er im Schritt zu tanzen, und alle schlossen sich nacheinander ihm an: Der kleine Joseph allerdings setzte sich an die Spitze, der Direktor ging hinter Merlin, und dann folgten Milly mit ihrem Pudel, Assad, der Feuerschlucker, der die dunkle Szene mit seinen Feuerstößen gespenstisch erleuchtete. Ihm folgten Alwin und das Hängebauchschwein, Frontzek saß auf seinem Dromedar. Als sie bei Lisa vorbeikamen, gab Merlin ihr ein Zeichen, sie rutschte vom Strohthron herab, er bot ihr seinen Arm, und so machten sie eine feierliche nächtliche Polonäse bei kleinem Licht, aber mit der Weltkugel oben drüber, die Lisa jetzt mit tragen durfte. Dann hielten sie an.

In diesem Augenblick stürmte das Pony herein und gab dem kleinen Clown von hinten einen Stups, dass er der Länge nach hinfiel und die Welt ihm aus den Händen kullerte.

Jetzt lachten sie alle. Das Pferdchen hatte es so gelernt. Das wusste Lisa nicht. Aber das Pferd hatte nicht gewusst, dass Merlin und Joseph extra für Lisa eine neue Nummer einstudiert hatten. Jedenfalls lachten sie alle und beschlossen, nach dieser gelungenen Vorstellung noch zu feiern, so gut es ging.

In dieser Nacht schlief Lisa alsbald ein; denn Anstrengung und Aufregung, Glück und Trauer waren zu dicht beieinander gewesen. Die Prinzessin schlief. Der Zwerg hielt Wache.

Im Traum erlebte das Kind die Vorstellung noch einmal. Alles war so, wie sie es erlebt hatte. Nur am Schluss, bei der Polonäse, als sie die Weltkugel mit halten durfte, sah sie plötzlich nach oben und erkannte Mutter und Vater zwischen den vier Strohballen. Hinter ihnen stand ein Engel, ja, das erkannte sie genau. Aber es war ein seltsamer Engel, einer, den sie hier überhaupt nicht vermutet hatte. Denn dieser Engel war ein Clown, war herrlich geschminkt, lächelte breit und gütig, ja, schien auch schallend zu lachen, und neben diesem Engel stand ein zweiter, ein kleinerer. Der spielte Mundharmonika, während der erste, der andere, der bunte, der lachende ein Riese war, der die ganze Halle ausfüllte und sicher auch die ganze Welt. Und – er hatte die Augen Merlins.

»Du hast heute Nacht gelächelt«, sagte Merlin am Morgen, als Lisa erwachte.

»Ich habe geträumt«, sagte sie leise, »aber ich weiß nicht mehr genau, was es war. Ich kann die Träume so schlecht festhalten. Ich kann sie auch nicht einsperren. Ich weiß sie nur, aber ich weiß sie nicht genau.«

»So ist das eben mit den Träumen«, sagte der Zwerg weise, »und so ist es auch mit den Engeln.«

»Genau das war es!«, rief Lisa laut.

»Psst«, warnte der Kleine, »nicht reden, denn eines können Wunder und Engel überhaupt nicht vertragen, wenn man sie zerredet. Denn Engel bestehen eigentlich nur aus Innen, und Wunder bestehen eigentlich nur aus Außen.«

»Dann ist ein Wunder das Außen vom Engel?« fragte Lisa leise.

»So ungefähr, naja so ungefähr. Genau weiß ich das auch nicht, aber wenn du es sagst, wird es schon stimmen.«

»Das muß ich Onkel Servitorius und Oma Stillering erzählen«, meinte Lisa, und Wehmut überkam sie und Heimweh. Aber sie hatte Merlin ja versprochen, sieben Tage bei ihm zu bleiben. Und was man verspricht, muss man auch halten.

Lisa schlief auf dem kleinen Sofa in Merlins Wagen. Lisa machte ihm das Frühstück. Lisa wusch ihm die Wäsche. Lisa bereitete ihm das Essen, so gut sie es vermochte. Lisa nähte einen Knopf an sein goldenes Wams. Lisa sorgte für Ordnung im kleinen Paradies, wie Merlin seinen Wagen gern nannte.

Tagsüber war der Kleine sehr beschäftigt. Die Zirkuskasse musste abgerechnet werden, Futter war zu beschaffen, die wenigen Künstler musste er trösten. Eigentlich hätte das der Direktor machen müssen, aber der war selber zu traurig. Alle hatten Pläne, nur er nicht. Milly wollte nach Wien. Frontzek wollte nach Polen. Assad wollte sein Glück in Bulgarien versuchen. Joseph und Merlin wollten in Hamburg-Bergedorf eine Puppenbühne eröffnen. Alle hatten ihre Pläne. Nur Stephan Beierfuß, der Direktor, wusste nicht, was aus ihm werden sollte. Merlin hatte ihm geraten, nach Legoland in Dänemark zu gehen. Dort könne man sicher einen tüchtigen Mann gebrauchen. Außerdem sollte die alte Fabrikhalle im frühen Frühjahr abgebrochen werden. Dann sei alles ohnehin vorbei.

Lisa hatte Merlin gefragt, welche Puppen auf seiner Bühne auftreten. »Nur eine Puppe«, hatte Merlin geantwortet. Natürlich ein Clown.

»Warum nur der?«, wollte Lisa wissen.

»Weißt du, Prinzessin« (er nannte sie jetzt oft Prinzessin), »weißt du, Prinzessin: Ein Clown ist ein Narr. Das sieht man schon an seiner dicken roten Nase. Die riecht nämlich, wo es zum Himmel stinkt. – Spaß beiseite, ein Narr war immer schon am Königshofe der zweitwichtigste Mensch, vielleicht sogar der wichtigste. So klein oder so dumm er schien, so gewitzt oder so pfiffig er wirkte, so traurig oder so galant, wie er auftrat, ob er Purzelbäume schlug oder Handstand machte: Er war immer der Einzige, der selbst dem König und allen anderen die Wahrheit sagen durfte. Er hatte eben Narrenfreiheit. Der König und die vornehmen Leute lachten dann meistens. Macht nichts. Sie hatten wenigstens die Wahrheit gehört. Deswegen liegt auf meinem Nachttisch auch die alte dicke Bibel, denn sie erzählt von einem, der … aber das verstehst du noch nicht. Später werde ich dir das mal erklären. Jetzt nimm erst mal dies als Erinnerung.«

»Was ist das?«, fragte Lisa. »Es ist ein großer Bernstein.« »Woher hast du ihn?« »Ich habe ihn von meiner Mutter, und die wieder hat ihn von ihrer Mutter, und die wieder von ihrer. Mehr weiß ich nicht. Halt ihn gegen das Licht! Was siehst du?«

»Ich sehe Gold und Gelb und Braun – und kleine Linien und – oh – ich sehe – eine Fliege oder so etwas.«

»Richtig«, sagte Merlin. »Du hast richtig gesehen. Bewahre ihn gut auf. Man nennt ihn ›Gold des Nordens‹. Ein Bernstein ist wie ein Tresor der Erinnerungen. Hunderttausende von Jahren, mehr oder weniger, ich weiß das nicht so genau, sind in ihm verewigt. Verstehst du? Eingelassene

Erinnerungen. Was du in der Hand hältst, ist gelebte Geschichte.«

»Versteh ich nicht«, meinte Lisa trocken.

»Der Bernstein«, sagte Merlin geduldig, »ist wie dein Herz. Was dein Herz eingeschlossen hält, kann dir niemand nehmen. So wie ein Bernstein die Wunder der Schöpfung bewahrt, so bewahrt dein Herz die Wunder der Engel.«

»Danke«, sagte Lisa leise und gab ihm einen flüchtigen Kuss auf die Wange.

»Ich danke dir, kleine Prinzessin«, lächelte Merlin breit und fröhlich.

Die sieben Tage waren vorbei. Lisa hatte ihr Versprechen treu gehalten. Als sie das Frühstück fertig hatte, wollte sie Merlin wecken. Sie ging an sein Bett. Er atmete schwer und tief, aber er wurde nicht wach. Seine Augen waren seltsam fremd. Da rief sie nach Joseph, dem Mundharmonikaspieler. Der kam sofort. Er beugte sich über seinen Bruder. Dann wandte er sich Lisa zu.

»Merlin hat einen Schlaganfall«, sagte er tonlos. »Es wird dauern, bis er wieder sprechen lernt, wenn er es überhaupt schafft. Und es wird dauern, bis er sich wieder bewegen kann.«

Mit kleinen Tränen packte Lisa ihre wenigen Sachen, wickelte den Bernstein sorgfältig ein, legte dem Zwerg die Hand auf die Stirn, drehte sich um, ging aus dem Wagen und verschwand im kalten Morgen. Nebel hüllte sie ein, von fern klangen die Stimmen und Laute der großen Stadt, Lisas Schritte schlurften ein wenig, und sie berührte den Bernstein, als wolle sie sich Mut holen. Denn Mut brauchte sie auf dem Weg, das Wunder zu finden.

III. Die heiligen Bettler aus dem Niemandsland
(25 Minuten)
Gegen Mittag geriet Lisa an den Stadtrand. Dort stand eine dicke alte Kirche. Die offene Tür lud ein. Lisa trat ein. Sie war allein. Zaghaft ging sie durch den Hauptgang bis nach vorn. Da hing ein großes Kreuz. Und an dem Kreuz hing ein Mensch. Die Mutter hatte ihr erzählt, was vor vielen Jahren auf Golgatha geschehen war. Oma Stillering hatte es ihr erklärt. Deswegen hatte Lisa auch hier keine Angst vor dem gekreuzigten Mann. Sie kannte ihn schon gut.

Aber was war das? Sie traute ihren Augen nicht. Links und rechts waren Bilder. Das sollten wohl Engel sein. Hässliche Engel, schoss es Lisa durch den Kopf. Ausgesprochen hässliche Engel. Die da hatten fette Flügel, als wären sie auf dem Rücken eingeschraubt, und sie hatten wulstige rote Lippen, als hätten sie gerade Wackelpudding gefuttert. Und sie hatten fette Oberschenkel, als würden sie nicht mal schwimmen gelernt haben, und sie hatten dicke Oberarme. Da passt doch kein T-Shirt drüber, dachte Lisa weiter, und außerdem hatten sie alberne Höschen an, die gar keine richtigen waren. Armer Jesus, mit solchen komischen Engeln.

Meine Engel sind anders. Sind viel schöner. Viel viel schöner. Diese Engel hier, die hatten Glubschaugen und wahnsinnig große Nasenlöcher. Engel brauchen weder Glubschaugen noch weite Nasenlöcher.

»Engel sind das Innen vom Wunder«, sagte Lisa zu sich, und schaudernd wandte sie sich ab.

Da sah sie eine alte, halb kaputte Steinplatte. Darauf war eine Schrift eingemeißelt. Lisa las halblaut: »Angeli sunt spiritus finiti, completi, conditi a Deo, intelligentes, voluntate liberi et ordinati ad obeundum grata Deo ministeria.« Sie hatte die Schritte hinter sich nicht gehört, aber nun vernahm sie die Stimme des alten Pastors: »Das hast du schon ganz gut vorgelesen, mein Kind, die Betonung muss ein klein wenig anders sein. Aber sonst ... wirklich gut.«

»Was ist das für eine Sprache?«, wollte Lisa wissen.

»Das ist Lateinisch.« »Und was heißt das?«, setzte Lisa nach.

»Ungefähr dies: Engel bestehen ganz aus Geist, sind vollkommen, stammen von Gott, können alles durchschauen, sind frei und dazu da, Gott den Dienst zu erweisen.«

Eine Stille entstand. Die Turmuhr schlug.

»Das ist doch Quatsch«, entfuhr es Lisa. »Tschuldigung«, fügte sie hinzu, »aber meine Engel sind nicht Geist, sie sind Feuer, sie sind nicht vollkommen, sie können lachen aus einem geschminkten Mund, sie können auch nicht alles durchschauen, sie gucken mich direkt an, und meine Engel wollen auch nicht dem lieben Gott den Dienst erweisen, sondern mir und meiner Mutter und meinem Vater und Merlin und Joseph und, und …«

»Nun mal langsam, Mädchen. Wie heißt du übrigens?«

»Ich heiße Lisa.«

»Also, Lisa. Das sind eben deine Engel. Verstehst du? Hier hat jemand über seine Engel geschrieben, und da oben hat jemand seine Engel gemalt.«

»Hässliche Engel, findest du nicht auch, Herr Kirchmann?«

»Ich bin Pastor«, korrigierte der Mann, »aber ich finde diese Engel auch hässlich. Sie sind unanständig dick und eklig. Aber nicht weitersagen, dass ich das gesagt habe. Versprochen?«

»Versprochen«, sagte Lisa. »Zeigst du mir deine Engel?«

»Komm«, sagte der Pastor, »ich will dir meinen zeigen.«

Und er nahm sie bei der Hand und führte sie mitten in die Kirche, von wo aus sie einen freien Blick bis hinter den Altar hatten.

»Siehst du den Mann, der dort kniet? Er ist blind. Er kommt jeden Tag. Nun sieh genau hin, achte auf die Sonne und die Lampen.«

Lisa sah genau hin. Da wuchs der Schatten des Mannes

mit dem Schatten des Gekreuzigten zusammen und ergab durch den Schatten des Querbalkens schließlich an der weißen Altarraumwand die Gestalt eines Wesens, das mit ausgestreckten Händen Hilfe bot und um Hilfe warb.

Lisa staunte: »Das ist dein Engel?«

»Ja, das ist mein Engel. Aber es hat fast 40 Jahre gedauert, bis ich ihn entdeckt habe. Ich weiß auch, es ist nur ein Bild, aber es ist ein wunderbares Bild, weil es Gott und Mensch verschmilzt.«

Lisa dankte, der Pastor lächelte. Lisa ging langsam aus der Kirche. Sie setzte sich. Sie musste denken. Oder musste sie warten? Ihr Herz quoll über. Sie presste den Bernstein.

Die Kirchentür knarrte. Lisa sah auf. Der Blinde kam heraus. Er tastete sich mit seinem weißen Stock bis zum Treppengeländer. Danach ging er schneller. Der Blinde kannte seinen Weg. Doch da hatte ein Schulkind auf der zweituntersten Stufe seinen Ranzen abgestellt. Der Blinde fiel. Er fiel schwer. Als er versuchte, sich zu erheben, verlor er auch seinen Stock. Lisa sprang auf, lief hin, half, half ihm hoch, half ihm weiter, bis er stehen blieb und sagte: »Ich danke dir, mein Kind, du bist ein freundliches Mädchen.«

»Woher weißt du das?«, wollte Lisa wissen.

»Ich sehe mit meinen Händen«, erwiderte der Mann.

»Ich habe deinen Schatten gesehen«, sagte Lisa.

»Wo?«, fragte der Blinde. »In der Kirche«, antwortete Lisa.

»Ach so«, sagte der Blinde, »das hat mir der Pastor auch schon mal erzählt. Da war ein Engel, hat er mir gesagt.«

»Ja, da war ein Engel«, sagte Lisa. »Du warst der Engel«, warf der Blinde ein.

Sie gingen weiter. Lisa schloss sich dem Blinden an. Sie lieh ihm ihre Augen, und sie lieh ihm ihre Hand. Er ließ es zu. Sie zeigte ihm den Weg, aber er führte sie.

»Willst du mir sieben Tage lang helfen?«, fragte der Blinde unvermittelt.

»Ja, das will ich«, sagte Lisa, aber sie bereute die schnelle Antwort, weil sie eigentlich aufgebrochen war, das Wunder zu finden. Doch sie schwieg.

»Dann komm mit«, sagte der Blinde. »Ich will dir eine andere Welt zeigen. Du hast Zeit, wie ich spüre, und du hast Geduld, wie ich ahne, und du suchst etwas Großes, wie ich vermute.«

Woher konnte er das alles nur wissen?

Während sie gingen, erzählte sie ihm ihre ganze Geschichte, auch die Erlebnisse im kleinen Zirkus, und bat ihn, ihr zu helfen, den Traum wieder einzufangen und das Wunder und den Engel.

»Das alles lässt sich nicht einfangen«, sagte der Blinde schlicht. »Das habe ich auch mal versucht und bin darüber blind geworden, damit ich besser sehen kann. Aber nun komm. Es ist nicht mehr weit.«

Sie kamen an die große Brücke. Es war eine wunderbare Brücke. In hohen Bögen wölbte sie sich über den Fluss.

Schließlich waren sie unter der Brücke angekommen. Was Lisa sah, hielt sie fast nicht für möglich. Unter der riesigen Wölbung lagen sie nebeneinander, die Menschen, die meisten in aufgerissenen Kartons und eingehüllt in warme Kleidung. Alle trugen Handschuhe, und alle trugen Schals. Keiner sah auf, als sie kamen. Aber der erste hob den Kopf, als er die Schritte hörte.

»Da kommt ja der Heilige«, sagte er grunzend, und über sein Gesicht zog sich ein gutes Lächeln.

»Heißt du der Heilige?«, fragte Lisa den Blinden.

»Sie nennen mich so«, antwortete er verlegen.

»Warum nennen sie dich so?«, wollte sie wissen.

»Später«, flüsterte er, »später. Komm jetzt, ich zeige dir unsere Wohnung.«

Der breite Fluss lag ruhig in seinem Bett, und kleine Wellen krönten seine Haut. Lisa kannte den Fluss, und immer schon hatte sie seine Oberfläche als Haut bezeichnet. Onkel Servitorius hatte das stets amüsiert; denn mit ihm zusammen war sie schon mal beim Fluss zu Besuch gewesen. Ein Fluss hat doch keine Haut. Natürlich hat ein Fluss eine Haut.

An diesem Tag schien er wirklich eine zu haben, stellte Lisa beruhigt fest. Viel Schmutz der großen Stadt lag oben auf, und winzige Eisstückchen gaben der Flusshaut das Aussehen eines kostbaren Geschmeides.

»Wie heißt du wirklich?«, fragte Lisa den Blinden.

»Wirklich heiße ich Franz. Deshalb nennen mich die Leute auch den Heiligen, weil einmal einer dabei war, der viel vom Heiligen Franziskus von Assisi wusste. Als der merkte, dass ich mich oft mit Tieren unterhalte, nannte er mich den Heiligen. Das war überhaupt nicht böse oder spöttisch gemeint, sondern liebevoll.«

»Das verstehe ich«, sagte Lisa. »Das verstehe ich gut; denn an meinem Denkstein habe ich mich auch immer mit den Tieren unterhalten.«

»Wir sind da«, sagte der Heilige. Lisa sah eine kleine Höhle neben dem Brückenpfeiler. Die Höhle war ausstaffiert mit Kartons, ausgelegt mit einer alten Matratze, ausgestattet mit zwei Wolldecken und sollte nun für eine Woche ihr Zuhause sein.

Lisa legte ihr kleines Gepäck ab, kroch in die Höhle hinein, rümpfte ein wenig die Nase über den Geruch, der in der Höhle wohnte, wohl auch von den armen Menschen kam und vom Fluss, dessen Haut so viel Dreck trug.

»Hier wohnen wir also«, sagte der heilige Franz, kniete mühsam nieder und packte aus, was er in seinem leinenen Beutel trug. Da waren Brot und Käse, Sprudel und Speck, alte Brötchen und eine Dose Fisch, eine Schachtel Zigaretten und ein Glas Honig.

»Das waren gute Menschen heute«, sagte der Heilige.

»Was waren gute Menschen?«, wollte Lisa wissen.

»Die mir das heute geschenkt haben, als ich sie darum bat.«

»Hast du gebettelt?«, fragte Lisa. »Ja, ich habe gebettelt.«

»Das hat der heilige Franz auch getan?« »Ja, das hat er auch getan.«

»Und nun?« »Was heißt und nun?« »Was machst du mit den Sachen?«

»Die teilen wir. Aber vorher will ich dir die anderen vorstellen.«

Dann stand er auf, nahm sie bei der Hand und sagte laut:

»Das ist Lisa, und sie wird eine Woche bei uns bleiben, wird mir helfen und lernen, dass … Aber das werden wir noch sehen. Komm Lisa, hier liegt der alte Lothar. Er hat keine Zähne, aber er hat ein Gewissen.« Der alte Lothar gab Lisa die Hand.

»Und hier liegt der Spitzenwilli. Ich weiß nicht, warum wir ihn so nennen. Er heißt eben so. Daneben liegt der leise Eugen. Er sagt nie etwas, aber seine Augen sprechen. Du wirst es noch merken. Daneben dann liegt Hannes der Krumme. Er kann nicht mehr gerade stehen. Schlimm, aber nicht zu ändern. Neben ihm liegt der Professor. Der weiß alles, hat mal studiert. Aber dann ging es bergab. Neben ihm liegt Olga aus Nowgorod. Sie bekommt in diesen Tagen ein Kind, deshalb habe ich dich gebeten, diese Woche bei uns zu bleiben. Und neben Olga liegt Warzenheini. Das sind wir also. Wir sind schon eine seltsame Gesellschaft. Aber hier wird nicht geklaut und nicht gelogen. Hier wird geteilt, und jeder ist für den anderen da. Du wirst noch merken, dass du hier Freunde findest.«

Lisa war es unheimlich. Wieder musste sie an Oma Stillering denken. »Du musst den lieben Gott einladen«, hatte sie immer gesagt. – Schon richtig, aber hier unter der alten Brücke, neben dem dicken Fluss, neben Warzenheini und dem leisen Eugen war kein Platz für den lieben Gott. Auch kein Platz für ein Wunder oder einen Engel.

Als die Dämmerung hereinbrach, machte der leise Eugen Feuer in einem alten Eiseneimer. Er benutzte ölgetränkte Lappen, teergetränktes Holz und ein wenig Karton. Das Feuer schwiemelte gemütlich. Alle setzten sich drumherum. Nur Olga nicht. Die bescheidenen Esswaren wurden geteilt, das Wasser im Kessel über dem Feuer siedete, Warzenheini warf eine Handvoll Tee hinein, rückte den Kessel zur Seite und stellte den Topf über die Flamme. Es sollte Hühnersuppe für Olga werden.

Spitzenwilli kramte in seinen Sachen und holte ein uraltes Schifferklavier hervor. »Hiermit«, sagte er zu Lisa, »lässt sich gut betteln, besonders vor Weihnachten. Aber jetzt spiele ich für Olga und das Kind.«

Er spielte und sang schwermütige russische Melodien: »Dort an dem Üferchen, entlang an der Kasanka ...«

Der Heilige mischte sich ein: »Willi, spiel doch endlich einmal etwas Fröhliches. Wie soll sich denn das Kind auf die Welt freuen, wenn sich nicht mal die Welt auf das Kind freut?«

Spitzenwilli überlegte, und dann spielte er einen Kasatschok in wilden Rhythmen, und Hannes der Krumme erhob sich vom Karton und begann zu tanzen.

»Merlin«, dachte Lisa für eine Sekunde. Aber es war Hannes der Krumme, der da so schön tanzte.

Olga erhob sich, setzte sich auf, alle sahen ihre Tränen, aber sie sang. Zuerst sang sie ganz leise, dann immer lauter, mit warmer Stimme, in ihrer Sprache, die keiner verstand. Spitzenwilli aber verstand es, änderte den Rhythmus, änderte die Melodie, und Olga sang das Wiegenlied, ihr Wiegenlied, indem sie dazu die Hände und Arme wie eine Wiege bewegte.

Als das Lied zu Ende war, kroch Lisa zu Olga, drückte sie

und bat sie, ihr die Worte zu verraten, die sie gesungen hatte.

»Komm, mein kleines Kätzchen, komm und lass dich wiegen –
Komm, und träume süß. Im Traum erlebst du Wunder –
Im Traum küsst dich dein Engel –
Komm, mein kleines Kindchen –
Dunkel ist die Nacht.«
Lisa war glücklich. Sehr glücklich.

Als sie gegessen hatten und Olga sich für die Hühnersuppe bedankt hatte, gingen alle in ihre Kartons, wünschten sich eine gute Nacht, und Stille breitete sich aus über dem Fluss und unter der alten Brücke.

An den folgenden Tagen ging Lisa zusammen mit dem Blinden betteln. Es war für sie eine ganz neue Erfahrung, in der Fußgängerzone neben dem alten Mann zu stehen oder zu sitzen und zu warten, bis jemand eine Münze in den Hut warf. Lisa sagte dann jedesmal: »Danke« oder »Danke schön« oder »Haben Sie vielen Dank.« – So hatte es ihr der Heilige gesagt. Gesagt hatte er, dass man auch für die kleinste Gabe danken müsse, denn wenn man für die kleinste Gabe nicht danken könne, könne man für die größte schon überhaupt nicht danken. Und die größte Gabe sei das Leben. Dann hatte er geschwiegen, und Lisa traute sich nicht, ihn zu fragen, warum er denn blind sei.

»Ich habe mein Augenlicht durch eine Dummheit verloren«, sagte der Heilige unvermittelt. Es war, als hätte er ihre Frage gesehen.

Passanten kamen, Passanten gingen. Münzen klimperten, ein paar kleine Scheine fielen dazu. Lisa sagte jedesmal artig »Danke«.

»Hast du schon einmal gesehen«, begann der Blinde von neuem, »wie ein Vogel trinkt? Nach jedem winzigen Schluck hebt er den Kopf zum Himmel, so als wolle er

dem Schöpfer danken für diese kleine Gabe eines Tropfens Wasser.«

Als der nächste Groschen in den Hut fiel, hob Lisa unwillkürlich den Kopf zum Himmel. Als sie es merkte, senkte sie ihn schnell wieder, wurde rot und sah zum Blinden. Der lächelte nur; denn er hatte es gesehen.

Wie kann das nur sein, überlegte sie für sich: Ein Blinder sieht?

Jetzt hätte sie wieder an ihrem Denkstein sitzen mögen oder mit Oma Stillering oder Onkel Servitorius darüber reden wollen. Aber die waren weit weg. Und die Mutter? Und der Vater? Wie es denen nur ging? Aber sie durfte noch nicht zurück. Sie hatte den Traum noch nicht und auch nicht das Wunder. Außerdem hatte sie dem Heiligen ihr Wort gegeben.

In den Tagen des Bettelns merkte sie, wie klein sie war. Sie hatte kein Geld, kein richtiges Zuhause, sie musste auf milde Gaben warten, ohne sich zu schämen.

Da sah sie den kleinen Vogel liegen. Er hatte wohl ein gebrochenes Bein oder einen gebrochenen Flügel. Sie lief hin, nahm ihn behutsam auf, spendete ihm mit den Schalen ihrer Hände eine erste Wärme und brachte ihn zum Blinden. »Eine Schwalbe«, sagte der. »Sie hat vor Wochen den Abflug verpasst, sie war wohl zu jung und blieb in der Stadt. Wir werden sie heilen, Lisa, ganz gewiss. Komm, wir gehen zurück zur Brücke. Der Tag war lang, und wer weiß, wie es mit Olga steht.«

Gegen Abend kamen sie an und fanden alles in Ordnung vor. Nach und nach kamen auch die anderen zurück. Wieder wurde Feuer gemacht, wieder wurde geteilt, wieder wurde gegessen, aber Spitzenwilli machte keine Musik, und Olga hatte die Hühnersuppe abgelehnt.

Die Dämmerung brach herein. Der Blinde und Lisa hatten die Schwalbe gut versorgt. Das Tierchen hockte nun in der Höhle auf einem kleinen Absatz über Olgas Kopf.

Die Stille war anders als sonst. Nicht bedrückend, aber voller Spannung. Lisa bewegte sich nicht. Da begann Olga, leise zu wimmern, in Abständen, aber immer wieder.

»Das Kind kommt«, sagte der Heilige. »Das Kind kommt. Los, ihr kennt eure Aufgaben, und du, Lisa, du hältst Olgas Hand.«

Der alte Lothar machte heißes Wasser, damit sie saubere Tücher hätten. Spitzenwilli musste an der Brücke Wache stehen, damit kein ungebetener Besucher eindränge. Der leise Eugen legte die Schere zurecht, für die Nabelschnur, wie er wusste. Hannes der Krumme brachte noch Decken, damit Olga nicht fröre. Warzenheini holte die kleine Wiege. Er hatte sie in den letzten Wochen gebaut, aus altem Hafenholz, mit rostigen Nägeln. Aber die war wunderschön geworden, stellte Lisa fest, wunderschön; denn die Ränder der oberen Bretter waren kunstvoll ausgeschnitzt.

»Komm, Professor«, sagte der Blinde, »komm und tu deine Arbeit.«

»Ich kann nicht«, sagte der. »Du kannst«, befahl der Heilige.

»Ich kann nicht, ich habe schon einmal einen Fehler gemacht.«

Da war es heraus. Der Professor weinte. Alle wussten in diesem Augenblick, dass er Medizin studiert hatte. Sein Fehler musste tödliche Folgen gehabt haben.

»Du kannst!«, sagte der Blinde nochmals energisch.

Der leise Eugen hielt das Licht. Der Professor krempelte die Ärmel auf. Sorgfältig wusch er sich die Hände. Olga wimmerte. Olga schrie. Lisa hielt ihre Hand, bekam vor Aufregung und Angst selber fast keine Luft, und der Professor tat seine Arbeit, still, sanft, gut. Und als das Kind den Bauch der Mutter verlassen hatte, reichte der leise Eugen die saubere Schere hin, und der Professor trennte Mutter und Kind voneinander. Das Kind schrie. Olga lächelte.

»Gott hat geschrien, und Gott hat gelächelt«, sagte der Blinde leise. Aber Lisa hatte es gehört.

Sie wuschen die Mutter, wickelten das Kind in warme Decken, legten es an die Seite der Mutter, deckten beide behutsam zu und zogen sich etwas zurück.

Der alte Lothar sagte: »Ich schenke dir mein Taschenmesser.« Und alle wussten, dass er dem Kind schenkte, was ihm das Liebste war.

Spitzenwilli war längst von der Brücke nach unten gekommen, strahlte und sagte: »Ich schenke dir meine Ziehharmonika.« Und alle wussten, dass er dem Kind schenkte, was ihm das Liebste war.

Der leise Eugen sagte nichts, sondern legte nur eine kostbare Gürtelschnalle neben das Kind.

Hannes der Krumme schenkte dem Kind eine Dose Penatencreme, und alle wussten, dass er dem Kind schenkte, was ihm das Liebste war.

Warzenheini kramte ein Fläschchen Kölnisch Wasser aus seiner Tasche. Es war sein Liebstes.

Der Professor schenkte dem Kind einen Kuss und dankte ihm aus ganzem Herzen.

»Siehst du, Lisa, deshalb habe ich gesagt: Gott hat geschrien und Gott hat gelächelt. Die wenigen Passanten in der Stadt wissen nicht mehr viel davon, aber wer Bettler ist, weiß alles.«

Mit diesen Worten legte er seine Halskette mit dem kleinen Kreuz auf die Brust des Kindes.

Nun standen sie alle, als schienen sie zu warten, was Lisa denn schenken würde. Da spürte sie in ihrer Hand den wunderbaren Bernstein, den Merlin ihr geschenkt hatte. Sie zögerte. Aber dann holte sie ihn heraus und legte ihn neben das Kind. Da begann er wie Gold zu glänzen, und Lisa sah, wie die kleine Brückennische hell wurde. Die Schwalbe verwandelte sich vor ihren Augen zu einem Engel, dessen Flügel zu ausgebreiteten Händen wurden, als wolle er die kleine Schar von Menschen liebevoll einschließen.

Das war also ihr Engel. Ob die anderen ihn auch sahen? Sie sah den alten Lothar an, der die sprechenden Augen hatte. Ja, seine Augen sprachen. Der sah den Engel. Sie sah den Blinden an und wusste sofort, dass er den Engel auch sah. Aber was sie dann sah, verschlug ihr den Atem: Links und rechts von Mutter und Kind wuchsen Christrosen aus der Erde und begannen in leuchtendem Weiß zu blühen.

»Sechs Wochen vor Weihnachten kann doch nicht Weihnachten sein«, murmelte Lisa. Der Blinde sagte ebenso leise: »Doch Lisa, denn wo ein Kind geboren wird, da ist immer Weihnachten. Da kommt Gott zur Welt. Nur haben es die meisten Menschen bis heute nicht begriffen.«

»Aber der Engel?«

»Der muss doch da sein«, flüsterte der Heilige, denn er verstand sofort, was das Kind gesehen hatte. »Der muss doch da sein. Wer sollte denn sonst die Nachricht über die Geburt überbringen?«

»Aber die Christrosen?«, fragte Lisa.

Darauf gab er keine Antwort, weil er selbst mit seiner sehenden Seele nicht erkannt hatte, was das Kind sah. Er streichelte Lisas Haar, legte den Finger auf seine Lippen, und leise legten sich alle schlafen.

Der Engel war verschwunden, die Helligkeit war gewichen, die Christrosen waren nicht mehr zu sehen, aber das Wunder blieb, und Lisa nahm es mit in ihre Träume.

Am anderen Morgen nahm der Blinde Lisa mit zur alten Kirche. Sie trafen den Pastor.

»Pastor«, sagte der Blinde, »du musst unser Kind taufen.«

»Welches Kind?«, fragte er dagegen. »Olgas Kind. Es ist heute Nacht geboren.«

»Und wie soll es heißen?« »Lisa«, erwiderte der Blinde.

»Und wer wird Pate?« »Der alte Lothar, Spitzenwilli, der

leise Eugen, Warzenheini, Hannes der Krumme, der Professor und ich. Denn wir sind die heiligen Bettler aus dem Niemandsland.«

»In Ordnung«, sagte der Pastor. »Hoffentlich erfährt es mein Bischof nicht.«

»Warum nicht?«, fragte der Blinde. »Ein Bischof muss doch auch erfahren, wenn Gott zur Welt kommt.«

Sie gingen wieder zur Brücke. Olga stillte das Kind. Die Männer hatten das Frühstück gemacht. Nach dem Frühstück sagte der Heilige: »Du musst nun gehen, Lisa. Die Woche ist vorbei. Das Kind wird deinen Namen tragen. Das ist gut. Ich habe dem Pastor versprechen müssen, dass wir über den Winter in den Keller seines Pfarrhauses ziehen. Der ist geheizt. Für Olga und das Kind ist das sehr wichtig. Aber du musst weiter. Ich weiß das. Nimm dies als Erinnerung und hüte es gut. Du wirst bald wissen, warum.«

Mit diesen Worten gab er ihr das Schwälbchen in die Hand.

Lisa zitterte. Auf ein kleines Leben sollte sie nun aufpassen.

Schnell verabschiedete sie sich von allen. Die Männer sagten gute Worte, sogar der leise Eugen, seit langem wohl zum ersten Mal.

Der Blinde nahm sie in den Arm.

Das war sein Segen.

Da nahm sie ihre Sachen und ging.

Sie wandte sich nicht um.

Ihr Herz war zu voll.

IV. Das Geheimnis des wilden Hopfens *(25 Minuten)*

Lange Stunden war Lisa zu Fuß gegangen. In anderer Richtung war sie wieder aus der Stadt herausgekommen. Die kahlen Äste der Bäume grinsten sie an. Sie aß von dem Brot, das der leise Eugen ihr mitgegeben hatte. Bei jedem Bissen hob sie den Kopf zum Himmel. Sie dachte an den Blinden und die Vögel. Ab und zu sah sie nach dem Schwälbchen in der kleinen Tasche. Das schien sich gesundzuschlafen. Keinen Menschen traf sie auf der Straße. Statt dessen schwärmten schwarze Krähen über die Feldmark.

Da hörte sie den Wagen. Sie drehte sich um. Schon war er heran. Die Pferde schäumten, der Kutscher schwang die Peitsche, die Räder quietschten, der Wagen hielt, der Kutscher beugte sich zu dem Mädchen: »He, ha, willst du eine Fahrt mit dem Teufel machen?«

Lisa wich zurück. Aber da war der schwarzhaarige Mann schon aus der Schoßkelle gesprungen, hatte Lisa gepackt, auf den Wagen gehoben, und ab ging die wilde Fahrt mit Ho-he-ho, mit Peitschenknall und wilden Flüchen des Mannes, dem es nicht schnell genug ging.

Lisa schrie, der Kutscher jubelte. Krähen stoben auf, Äste zischten am Wagen vorüber, der unebene Weg ließ den Wagen schlagen und schaukeln, Lisa klammerte sich am Gestänge fest, die Pferde hoben die Köpfe, der Schweiß perlte auf ihrem Rücken, der Kutscher stand hoch auf dem Brett, sein Gesicht hatte die Züge des Windes, Lisa machte sich klein, die Pferde warfen Dreck mit den Hufen nach oben, als die schreckliche Fahrt plötzlich ein Ende nahm.

»Brr, brr«, und die schwitzenden Pferde standen. Der Mann sprang ab, nahm Lisa herunter und gab sie in die Arme einer alten Frau.

»Das ist Valeska«, sagte er noch, bevor er sich um die Tiere kümmerte.

»Mach dir nichts draus, mein Täubchen«, sagte die alte Valeska mütterlich, »das war der schwarze Janek. Er ist ein Wilder. Aber er ist ein guter Mensch. Sonst hätte er dich gar nicht mitgenommen. Der schwarze Janek kommt aus Albanien. Er ist ein Pferdenarr, aber er liebt seine Tiere. Wer bist du?«

»Ich bin Lisa. Ich komme von Merlin und von dem Heiligen.«

»Nun ja, das klären wir später. Was hast du da in deiner Tasche?«

»Ein Schwälbchen«, sagte Lisa. »Das habe ich von dem Kind und von Olga, seiner Mutter, und von dem Blinden.«

»Was ist mit dem Schwälbchen, mein Täubchen?«, fragte Valeska.

»Das Schwälbchen hat einen gebrochenen Flügel.«

»Das macht nichts. Das wird wieder. Hauptsache, wir kriegen Würmchen und süße Maden. Aber die finden wir im Stall, auch die lieben Fliegen, und die stopfst du ihm ins Schnäbelchen. Dann wird alles gut.«

»Wo bin ich hier?«, fragte Lisa.

»Du bist bei Zigainern.« Das sprach Valeska breit aus. »So nennen uns die dummen Menschen, die nichts wissen, gar nichts wissen sie. Wir gehören zum stolzen Volk der Sinti und Roma.«

»Kenne ich nicht«, gab Lisa zu.

»Macht gar nichts, mein Täubchen. Wirst's schon kennen lernen. Komm, essen wir Süppchen.«

Nun erst sah Lisa sich um.

»Was du siehst«, sagte die alte Valeska, »ist unser Tabun, unser Wohnplatz, hörst du. Alle Wagen stehen mit der Tür zum aufgehenden Mond. Und alle Wagen haben Geschichte, eine lange Geschichte, Geschichte von Wanderung und Angst. Diese Wagen sind unsere Burg. Zwischen den Wagen ist unsere Welt, verstehst du, Täubchen, die ganze Welt kommt da zusammen. Da tanzen wir, da weinen wir, da lachen wir, da essen wir, da erzählen wir Geschichten, schöne, da spielt Janek seine Geige, und – da sterben wir. – Nun komm, ich zeige dir deinen Platz.«

Valeska führte Lisa in ihren Wagen.

»Willst du mir sieben Tage dienen?«, fragte die Alte. »Dienen ohne zu fragen? Du sollst es gut haben. Viel lernen wirst du. Aber stell keine Fragen, hörst du, mein Täubchen? Keine Fragen.«

Lisa sagte sehr leise: »Ja, ich will.«

Die Alte hatte ihr Vertrauen, und doch war es Lisa sehr unheimlich.

»Hier ist dein Süppchen«, sagte Valeska. »Iss.«

Lisa aß. Es schmeckte vorzüglich.

»Schlangensuppe ist das.« Lisa warf den Löffel hin.

»Nein, mein Täubchen, das ist Suppe mit Hammelfleisch. Nur die Leute sagen, Zigainer essen Schlangen. Verstehst du, Täubchen, sagen das die Leute, wo dumm sind.«

Lisa aß nun mit Genuss weiter. Nach dem Essen versorgte sie die kleine Schwalbe, danach schlief sie tief und lang.

Als sie wach war, kam die alte Valeska, um ihr die Wagen und die Menschen zu zeigen.

Im ersten Wagen wohnte Majunek, der Alte, ein Greis, dessen Jahre niemand wusste. Aber sie liebten ihn, und er kannte die schönsten Geschichten aus alter Zeit.

»Im zweiten Wagen wohnt Lullja, die Hexe«, sagte Valeska und lachte dabei. »Das musst du wissen, mein Täubchen, Lullja kennt alle Kräuter und heilt jeden, der krank ist, und macht krank jeden, der gesund ist, um ihn wieder zu heilen.

Da im dritten Wagen wohnt McKinnes, der Schotte. Ich weiß auch nicht, was wir mit einem Schotten zu tun haben. Aber eines Tages war er da. Er kann und weiß viel.

Im vierten Wagen wohnen wir beide. Das weißt du inzwischen.

Im fünften Wagen wohnen die Wasoleks. Das ist eine interessante Künstlerfamilie. Du wirst sie kennen lernen.

Im sechsten Wagen wohnt Janek, der Schwarze, mit seiner Frau. Es ist der einzige Wagen mit Pferden. Alle anderen haben Motoren.

Im allerletzten Wagen wohnt Pimen, der Zauberer. Er kommt aus Algerien.

Du siehst, wir sind international. Aber Täubchen, mein liebes Täubchen, wir suchen immer noch unsere Zukunft.

Das verstehst du nicht. Bist zu klein. Wir haben unsere Vergangenheit verloren. Keiner gönnt uns unsere Gegenwart, und wir suchen immer noch unsere Zukunft. Das ist schlimm.«

Lisa hätte jetzt gern viel gefragt, aber sie durfte ja keine Fragen stellen.

Statt dessen nahm Valeska sie wieder an die Hand und führte sie zu einem Baumstamm. Auf dem Baumstamm saß Majunek, der Alte. Er saß dort wie eine Figur aus Stein. Unbewegt und unbeweglich. Der lange weiße Bart leuchtete hell in der Abendsonne. Lisa trat näher. Da streckte die Steinfigur eine Hand aus und berührte Lisa an der Schulter. Die Berührung durchfuhr sie wie ein Blitz. Sie erschrak nicht, sie erstarrte, und im selben Augenblick sah sie hinter dem alten Majunek die Mutter stehen. Sie hatte verweinte Augen und ein schmales Gesicht.

»Mutter«, flüsterte Lisa, »liebe Mutter, komm, wir gehen nach Haus …«

Sie wollte einen Schritt auf die Mutter zu machen, die aber wehrte ab: »Berühr mich nicht. Wenn du das tust, muss ich gehen. Für immer. Berühr mich nicht. Sorge für das Schwälbchen. Ich komme wieder.«

Dann verschwand die Gestalt.

Der alte Majunek nahm die Hand von Lisas Schulter und sah ihr ins Gesicht.

»Nun weißt du, mein Kind, dass der Raum keine Rolle spielt, wohl aber die Zeit.«

Lisa verstand den alten Mann nicht. Aber sie hatte den Satz gehört und wollte ihn sich merken. Und was hatte die Mutter gesagt? »Sorge gut für das Schwälbchen. Ich komme wieder.«

»Setz dich, mein Kind«, hörte sie den Alten sagen. »Setz dich. Ich will dir eine kleine Geschichte erzählen.«

Lisa setzte sich neben den alten Majunek auf den Baumstamm, sah noch, wie Valeska lächelnd davonging, und der

Alte begann seine Erzählung. Das Schwälbchen saß dabei munter mit verbundenem Flügel auf Lisas Schulter.

»Es ist viele Winter her. Damals lebte mein kleines Mädchen noch, die schöne Minka. Sie war ein lebendiges und kluges Kind. Damals mochte sie acht Jahre alt sein. Sie war der Sonnenschein in unserem Lager. Alles tat sie, was man ihr sagte oder von ihr erbat. Aber in diesem einen Sommer lief sie immer wieder fort. Sie entschuldigte sich nicht, wenn sie zurückkam. Sie nahm jede Strafe an, die man ihr auferlegte. Aber sie lief immer wieder fort. Wir legten uns oft auf die Lauer, um zu sehen, wohin Minka ging. Doch stets war sie nach wenigen Minuten verschwunden. Immer öfter fehlten Esswaren, in kleinen Mengen zwar nur, aber die fehlten eben. Es war ein Topf mit Gurken, ein kleiner Schinken, ein Korb mit Äpfeln, Mehl, Salz, Zucker. Wir verdächtigten Minka bald, aber wir bekamen nichts aus ihr heraus.

So ging es den ganzen Sommer lang.

Trotzdem blieb meine Minka fröhlich, wir aber wurden immer besorgter. Im späten August, als die Hitze mittags noch flimmerte, war Minka wieder einmal verschwunden. Wir machten uns auf die Suche. Als wir unverrichteter Dinge ins Lager zurückkamen, fehlte sogar das einzige Pferd, das uns geblieben war, die Ziege war auch nicht mehr da. Minka saß auf einem Baumstamm wie wir beide jetzt und lachte uns aus traurigen Augen an.

Das gibt es, mein Kind. Kinder können aus traurigen Augen lachen. Du musst wissen: Die Traurigkeit sitzt links in der Seele, und die Freude wohnt rechts. Es sind Nachbarinnen. Bei erwachsenen Leuten ist das anders.

Da saß sie also, unsere Minka, die Missetäterin. Aber wir verloren kein Wort mehr, es gab keine Strafe, Prügel sowieso nicht. Wir haben Kinder nie geschlagen. Wer Kinder schlägt, schlägt dem lieben Gott tiefe Wunden, und seine Seele wird den Mond nicht mehr sehen.

Als die Nacht kam, hörten wir laute Rufe: »Da sind sie! Drauf auf das Pack. Schlagt sie zusammen!«

Noch waren die Rufe entfernt. Man hatte unser Lagerfeuer gesehen. Minka sagte nur: »Kommt! Kommt schnell.«

Sie lief allen voran. Sie hatte eine kleine Laterne in der Hand. Der schmale Weg führte hinter dem Lager durch dichtes Gebüsch. Das Gezweig knackte ein wenig. Wir rannten, so gut es ging, hinter dem Kind her. Ich machte mir damals nicht klar, warum wir das taten. Wir taten es eben.

Dann standen wir vor dem Felsen. Nie zuvor hatte ich ihn beachtet. Minka schob vorsichtig dichten wilden Hopfen auseinander. Da war eine Öffnung. Mit gebeugtem Kopf konnte man gut hindurch. Bald waren alle drin, und Minka zupfte den Hopfen zu einem dichten Vorhang. Dann ging sie wieder voran. Schon bald weitete sich der Gang, und wir standen in einer großen Höhle.

Da stand unser Pferd, da stand unsere Ziege, und da lagen alle unsere Vorräte, da lagen Wolldecken.

Es war wie ein Wunder.

Die Rufe der Soldaten waren nicht mehr zu hören.

Jetzt gestand uns Minka, dass sie diese Höhle entdeckt hatte, weil sie einem Schwälbchen gefolgt war. Schließlich zeigte sie uns noch in einer kleinen Nebenhöhle das schmale Rinnsal klaren Bergwassers und sagte: »Da oben, wo das Schwälbchen nistet, ist eine Öffnung. Von dort kann man unser Lager sehen.«

Auf diese Weise hatte sie uns alle gerettet. Als wir nach Tagen sahen, dass keine Soldaten mehr da waren, verließen wir die Höhle. Die Wagen waren allesamt verbrannt, aber unser Leben war uns geblieben.«

Der alte Majunek schwieg. Lisa dachte nach. Dann fragte sie: »Warum hat Minka das alles gemacht vorher?«

Der Alte suchte nach Worten, gleichsam als wolle er dem Kind ein Geheimnis anvertrauen.

»Sie hat damals gesagt, ein Engel habe es ihr befohlen.«
»Glaubst du das?«, fragte Lisa. »Ja«, sagte der Alte, »ich habe es ihr immer geglaubt. Und seither trägt unsere Familie auch die Schwalbe im Wappen.«

»Warum die Schwalbe?«, wollte Lisa wissen.

»Weil das Schwälbchen ihr damals die Höhle gezeigt hat, und nach altem Glauben ist die Schwalbe das Kennzeichen der Mutter Gottes. Du musst das jetzt nicht verstehen, mein Kind, es ist alter Glaube, und du bist sicher nicht in ihm erzogen. Aber ich sehe, dass du deine Schwalbe liebst, und das ist jetzt das Wichtigste.«

»Du hast mir doch versprochen, keine Fragen zu stellen.«

Vorwurfsvoll, aber milde erklang Valeskas Stimme hinter Lisa.

»Ja, aber bei Großvaters Geschichte muss man doch fragen.«

»Ist gut, mein Täubchen«, meinte Valeska. »Ist ja gut, ich weiß inzwischen, dass wir dir unsere Geheimnisse anvertrauen können. Nur wer ein Geheimnis bewahrt, ist wirklich ein Mensch. – Komm jetzt, es gibt Arbeit.«

Viel zu tun gab es in den folgenden Tagen, und Lisa war fleißig und gab sich viel Mühe. Eines Abends setzte sich Valeska auf den Baumstamm und rief Lisa zu sich.

»Zeig mir deine Hand von innen«, sagte sie. Lisa tat es. Valeska fuhr die Linien entlang und erspürte mit sanftem Druck Lisas Hand.

»Du hast einen langen Weg vor dir«, begann sie verhalten. »Einen langen Weg bis nach Hause. Hab keine Angst, du wirst ihn schaffen, obwohl du kurz vor dem Ziel denken wirst, du schaffst es nicht.«

Nach diesen Worten zog sie das Mädchen an sich, und

Lisa meinte, es seien die Arme von Oma Stillering. Da begann sie zu schluchzen vor Heimweh. Mutter und Vater fehlten ihr so sehr.

Am nächsten Tag durfte sie mit dem Schwarzen Janek die Pferde putzen. Schließlich hob der wilde Mann Lisa auf den Pferderücken, schwang sich mit einem Satz schnell hinter sie und ritt mit ihr lange durch die Felder. Wieder stoben die Krähen auf, und Kältedunst machte das Atmen schwer. Aber Lisa hatte keine Angst mehr vor diesem Mann und war glücklich, als er zu singen begann:

>»He, mein Pferdchen, spitz die Ohren –
>He, mein Pferdchen, schlag die Hufe –
>He, mein Pferdchen, streck die Beine –
>He, mein Pferdchen, lauf zum Mond –
>Bring den Himmel auf die Erde –
>Hol dir Hafer aus den Wolken –
>He, mein Pferdchen, spitz die Ohren.«

Das war ein wundervolles Lied, dachte Lisa. Nur so schnell konnte sie die Worte nicht behalten. Aber sie sah, wie das Gesicht Janeks glühte, wie seine Augen leuchteten, und seine schwarzen Haare flogen wie der Schweif des Pferdes.

»Woher kannst du das Lied?«, fragte Lisa.

»Ich bin mit Großvater Majunek geritten so wie du heute mit mir. Er hat es immer gesungen.«

In diesen Tagen lernte sie auch die anderen kennen. Lullja, die Hexe, zeigte ihr die vielen Kräuter. McKinnes, der Schotte, der so viel wusste und konnte, zeigte ihr, wie man einen Löffel aus Holz schnitzt, und während er das tat, erzählte er ihr von chinesischen Kaisern und Indianerhäuptlingen. Bei den Wasoleks hielt Lisa sich am liebsten auf. Die Eltern und ihre vier Kinder konnten besonders gut tanzen. Sie zogen ihre schmucken Kostüme an, und mitten zwischen den Wagen tanzten sie, während der Schwarze Janek zusammen mit seiner Frau Geige spielte. Es waren Melodien, die Lisa zum ersten Mal in ihrem Leben hörte. Aber schön waren sie, und der Rhythmus ging ihr in die Beine. Pimen, der Zauberer, war wortkarg. Aber seine Kunst beherrschte er meisterlich. Mit behenden Händen und Fingern holte er unter einer schwarzen Decke eine lebendige weiße Taube hervor. Lisa bat ihn, das noch einmal zu machen, damit sie ihm auf die Schliche käme.

Er nickte. Noch einmal nahm er die schwarze Decke, machte ein paar Bewegungen, und in seiner Hand saß das Schwälbchen, während die Taube auf Lisas Schultern hockte. Lisa klatschte begeistert. Pimen lächelte.

So lernte Lisa in diesen Tagen viel vom Geheimnis des Lebens.

»Was ist später aus Minka geworden?«, wollte sie noch von Großvater Majunek wissen.

»O ja, das hätte ich fast vergessen. Minka wurde eine Kundige, eine Wissende.«

»Was ist das?«

»Sie wurde eine kluge Frau, die über Himmel und Erde Bescheid wusste. Eine, die den Menschen durchs Auge ins Herz sehen konnte. Eine, die viel betete, um helfen zu können, eben eine Kundige, eine Wissende. Sieh mal: Pimen kann zaubern, Minka konnte verzaubern. Pimen kennt Tricks, Minka kannte Geheimnisse. McKinnes weiß viel, Minka aber hatte vieles erkannt. Verstehst du jetzt?«

»Ein bisschen«, antwortete Lisa. »Das reicht ja auch«, sagte der Alte.

An den Abenden hatte Lisa mittlerweile Janeks Lied auswendig gelernt. Sie war stolz darauf.

Am Sonntagmorgen warteten alle vergeblich auf Großvater Majunek. Er kam nicht in die Mitte des Tabuns, um mit ihnen zusammen den Morgentee zu trinken. Valeska ging zu ihm hinein. Wenig später kam sie heraus und sagte allen, Großvater Majunek sei nun tot. Er habe es gewusst. Er sei ja auch sehr alt geworden. Jeder sollte zunächst für sich allein weinen, und dann sollten alle zusammen kommen, um Abschied zu nehmen. Sie müsse jetzt alles Notwendige tun, um die Beerdigung vorzubereiten; denn Großvater solle ja heim nach Mazedonien. Das war sein Wunsch. Dort war seine Erde, wie er es nannte.

So sprach Valeska. Alle zogen sich zurück. Auch Lisa mit dem Schwälbchen. Und sie weinten über den alten Mann, dessen Jahre niemand kannte, aber dessen Weisheit und Geschichten alle so liebten.

Das ist also der Tod – dachte Lisa, als sie zusammen mit den anderen zwischen den Wagen vor dem alten Majunek stand. Das sah so feierlich aus. Valeska hatte den Großvater angezogen. Er trug sein altes Festgewand mit Reiterstiefeln. Alle verneigten sich.

Da trat der Schwarze Janek vor. Hinter ihm standen seine beiden Pferde mit Schmucksätteln und silbernem Zaumzeug. Janek setzte seine Geige an das Kinn, seine Frau trat neben ihn und nahm auch ihre Geige zur Hand. Janek spielte zart eine kleine Melodie, seine Frau Mirscha folgte ihm mit der zweiten Stimme, die Töne gingen in die Höhe, der Rhythmus wurde schneller, die Leute stampften mit den Füßen, da nickte Janek Lisa zu, die längst die Melodie erkannt hatte, und sie begann zu singen:

> »He, mein Pferdchen, spitz die Ohren –
> He, mein Pferdchen, schlag die Hufe –
> He, mein Pferdchen, streck die Beine –
> He, mein Pferdchen, lauf zum Mond –
> Bring den Himmel auf die Erde –
> Hol dir Hafer aus den Wolken –
> He, mein Pferdchen, spitz die Ohren.«

Die beiden Geigen behielten die Melodie bei, und nun tanzten die Wasoleks, hingegeben und inbrünstig. Großvater Majunek hätte seine helle Freude gehabt. »Nein«, dachte Lisa, »er hat seine helle Freude.«

Als die Musik abbrach, waren alle still. Nur Pimen, der Zauberer, sagte: »Seht mal! Seht mal da! Auf Großvaters Brust.«

Alle schauten hin. Dort saß das Schwälbchen, still und unerschrocken. Diesmal hatte Pimen den Vogel nicht an seinen Platz gezaubert.

»Lass mir das Schwälbchen hier, mein Täubchen.« Bittend klang Valeskas Stimme.

»Gern«, sagte Lisa.

»Dafür bekommst du Großvater Majuneks Ring. Du kannst ihn nur einmal im Leben benutzen, wenn große Not ist. Der Alte hat ihn nicht benutzt. Aber bedenke: In dem Augenblick, wo du den Ring nach unten drehst, muss dein Herz wollen, was du dem Ring sagst.«

Jetzt musste Lisa mit sich allein sein. Sie lief in den nahen Wald. Es war ein Tag voller Wunder gewesen. Als sie zurückkam, war das Lager leer. Ihr kleines Gepäck stand am Rande der Wiese. Lisa brach auf und spürte den Ring in ihrer Tasche.

V. Der Engel im Sturm *(20 Minuten)*
Lisa fand die Straße. Ihr Herz war voll. Ihr Kopf wirbelte. Wenn sie doch nur an ihrem Denkstein sitzen könnte oder mit Oma Stillering reden oder auch mit Onkel Servitorius. Der wusste wenigstens, wie man den Teufel auf der Gardinenstange zwischen die Hörner treffen konnte. Und bei der Mutter saß der Teufel auf der Gardinenstange. Das hatte sie inzwischen erkannt.

»Wenn du einem Riesen begegnest, dann prüfe, ob es nicht der Schatten eines Zwerges ist.« Das hatte Merlin ihr gesagt.

Wie nun, wenn der Teufel in Wirklichkeit nur klein wie ein Zwerg war?

Lisa war stolz auf ihre Gedanken, sehr stolz sogar.

Den Bernstein hatte sie verschenkt. Aber das schien ihr richtig für Olgas Kind. Das Schwälbchen hatte sie verschenkt. Da war sie sich nicht ganz so sicher. Aber das Tierchen hatte auf der Brust des Toten gesessen.

Lisa fand die Straße und ging langsam in eine Richtung. Da kam ihr ein kleiner Wagen entgegen, vor dem ging ein kleines Pferd, und auf dem Bock saß ein kleiner Mann. Der Wagen sah komisch aus, als könnte man ihn seitlich aufklappen, und oben war er gewölbt. Dann sah sie die Schrift, die sie langsam laut vor sich hin las: »Merlins Puppenbühne«.

Nein, das war nicht wahr, das konnte nicht wahr sein. Merlin hier. Aber der oben auf dem Bock war nicht Merlin, nein, das war Joseph, sein Bruder.

»Halt, halt«, rief Lisa und schwenkte die Arme.

Als der Wagen hielt, sah Lisa, dass es nicht Joseph war.

»Woher hast du den Wagen?«, wollte sie wissen.

»Warum willst du das wissen?«, fragte der kleine Mann.

»Weil ich Merlins Freundin bin und auch Josephs«, rief Lisa zum Bock hinauf.

»Hab keine Sorge«, antwortete der kleine Kutscher freundlich. »Den beiden geht es gut. Merlin ist wieder gesund geworden. Seine alten Kräfte bekommt er nie wieder ganz zusammen, aber es geht ihm gut. Das Puppentheater ist ein gutes Geschäft. Mitten in der Stadt hat Merlin sein Theater in einem Keller. Die Leute kommen gern. Und ich fahre mit dem Spielwagen über die Dörfer, mache kleine Vorstellungen und lade dabei die Leute in die Stadt ein, in Merlins Keller.«

»Wie heißt du?«, fragte Lisa.

»Ich habe einen unaussprechlichen Namen«, antwortete der Kleine freundlich.

»Dann sag ihn mir, damit ich ihn lernen kann.«
»Das geht eben nicht.«
»Warum nicht?«, wollte Lisa wissen.
»Na, weil ich ihn selber nicht aussprechen kann.«
Da mussten beide lachen.
»Das war ein Spaß«, sagte der Kleine. »So beginne ich immer meine Vorstellung. Nein, ich heiße Kramtschibokowski Fridolin.«
»Kramtschibokowski Fridolin«, wiederholte Lisa andächtig. »Das ist ein herrlicher Name, findest du nicht auch?«
»Das kann ich nicht behaupten«, sagte der Kleine schlicht. »Die Leute lachen immer.«
»Lass sie doch lachen. Das ist doch gut. Das ist doch gesund. Oder? Nimmst du mich mit bis an den Stadtrand? Ich will nach Hause.«
»Aber gern, kleines Fräulein. Du heißt doch Lisa, nicht wahr; denn Merlin hat viel von dir erzählt, und heute Morgen sagte er: Grüß mir meine kleine Lisa.«
Lisa stieg zum Kramtschibokowski Fridolin auf den Kutschbock, und das kleine Pferd zog den kleinen Wagen mit dem kleinen Mann und dem kleinen Mädchen auf der kleinen Straße in das nächste kleine Dorf. Dort sollte die Vorstellung sein, und Lisa hatte Kramtschibokowski Fridolin sofort versprochen, ihm beim Spiel der Puppen zu helfen. Sie freute sich darauf. Denn ein wenig hatte sie davon bei Onkel Servitorius gelernt, der zwei wunderhübsche Marionetten besaß, einen Kapitän und einen Affen. Mit denen hatte sie oft gespielt, die Leiste bewegt, die Fäden geführt und begriffen, dass die Puppen der verlängerte Arm der Menschen sind.

Im Dorf machten sie Halt. Sie aßen Weißbrot mit Honig und tranken Milch. Dann bat Kramtschibokowski Fridolin Lisa, mit den kleinen Einladungszetteln von Haus zu Haus zu gehen.

Tatsächlich kamen am Nachmittag trotz des unwirtlichen

Wetters etliche Kinder, manche an der Hand ihrer Mütter. Mit großen wartenden Augen standen sie am Puppenspielerwagen.

Zu Beginn stellte sich Kramtschibokowski Fridolin dem Publikum vor und nannte seinen Namen. Alle lachten, aber diesmal lachte er mit und ließ sie den Namen wiederholen, bis alle ihn richtig sprechen konnten.

»Nicht wahr«, sagte er laut, »mein Name klingt wie Musik: Kramtschibokowski Fridolin, Kramtschibokowski Fridolin. Wie Musik.«

Bei diesen Worten zog er seine Klarinette unter dem Mantel hervor und spielte eine herrliche Melodie.

Lisa sah und hörte dem kleinen Mann zu.

Hinter den Kindern und ihren Müttern standen sie plötzlich: Oma Stillering und Onkel Servitorius, die Mutter und der Vater, Merlin und seine Freunde, der Heilige und die Brückenleute. Olga hielt ihr Kind hoch, damit Lisa es sehen konnte, und Valeska war auch da, der Schwarze Janek, der Zauberer Pimen und der alte Majunek. Alle, alle waren gekommen, um die Vorstellung des kleinen Kramtschibokowski Fridolin mitzuerleben. Lisa wies mit dem Finger auf die vielen neuen Gäste. Die Kinder und die Frauen drehten sich um. Aber sie sahen nichts.

»Mach dir nichts draus«, sagte Kramtschibokowski Fridolin leise zu Lisa, indem er das Instrument absetzte. »Sie können nichts sehen. Sehen kann nur, wer liebt.«

Donnerwetter, dachte Lisa, war das wieder ein Satz. Den wollte sie nicht nur lernen und aufheben, sondern sorgfältig einwickeln.

Das tat sie denn auch, und nun konnte die Vorstellung beginnen. Vor so vielen Leuten. Lisa war aufgeregt.

Fridolin spielte die Geschichte vom kleinen Clown und der Schwalbe. Lisa durfte den kleinen Clown bedienen.

Da flog die Schwalbe heran und setzte sich zu Füßen des Kleinen.

»Willst du nicht mit mir kommen?«, fragte der Vogel.

»Ich kann doch nicht«, erwiderte der Clown, »das siehst du doch, ich hänge doch an lauter Fäden.«

»Was können wir denn da tun?«

»Ich weiß es auch nicht«, sagte der Clown kläglich.

»Ich dachte schon mal, man müsste die Fäden durchschneiden. Aber ich habe Angst, dass ich dann ganz zusammenfalle, weil ich nie gelernt habe, ohne Fäden zu leben.«

»Warst du denn nie frei?«, wollte die Schwalbe wissen.

»Nie! Nie! Ich wurde erzogen, gezogen, hin- und hergezogen. Man zog mich hin, man zog mich zurück, man zog mich nach links, man zog mich nach rechts.«

»Du musst es machen wie ich«, sagte die Schwalbe. »Du musst die Flügel ausbreiten. Die Luft wird dich tragen.«

»Dummkopf«, meinte der Clown, »ich habe doch keine Flügel.«

»Natürlich hast du Flügel«, trotzte die Schwalbe. »Jeder Mensch hat Flügel, sei er klein oder groß.«

»Kannst du mir sagen, wo meine Flügel sind?«, fragte der Clown zaghaft.

»In deinen Träumen«, zwitscherte die Schwalbe, »in deinen Träumen hast du viele Flügel. Du musst sie nur benutzen. Dann bist du frei.«

Lisa erkannte plötzlich, dass Fridolin diese Worte mehr zu ihr als zu dem kleinen Clown gesagt hatte. Ihr wurde fast schwindlig. Schnell nahm Fridolin ihr die Führung des Clowns ab und spielte weiter, als ob nichts geschehen wäre.

Lisa aber sah hinter den Leuten des kleinen Dorfes jetzt ganz genau ihre Mutter. Über der Mutter war eine Gardinenstange, und auf der Gardinenstange hockte der Teufel. Der sah eklig aus, hatte gelb unterlaufene Augen, grinste tückisch, und seine Hörner funkelten vor dem Himmel. Das Schlimmste aber war: Er hatte viele Fäden in der Hand,

und an den Fäden hing die Mutter, eine richtige Marionette des Teufels. Lisa schauderte.

Die Mutter schien um Hilfe zu rufen.

Lisa sprang vom Wagen und lief hin.

Aber da war nichts. Hatte sie sich getäuscht?

Verwirrt und geängstigt ging sie langsam zum Wagen zurück.

Fridolin spielte noch. Der kleine Clown schlief gerade, und die Kinder hörten ihn schnarchen. Da weckte ihn die Schwalbe und fragte: »Hast du geträumt?«

»Ja«, sagte der kleine Clown, »ich habe geträumt. Es war wunderbar. Alle Fäden waren verschwunden.«

»Siehst du«, sagte die Schwalbe, »das war aber erst der Anfang. Du musst es üben, ganz viel üben.«

Hier brach Fridolin das Spiel ab. Die Kinder klatschten begeistert.

Als der Platz wieder leer und der Wagen geschlossen, die Puppen verstaut und der kleine Hunger gestillt waren, sagte Fridolin: »Lisa, jetzt geh nach Haus. Es ist nicht mehr weit. Du wirst es schaffen. Ganz bestimmt wirst du es schaffen.«

»Danke«, hauchte Lisa, »danke Kramtschibokowski Fridolin. Grüß Merlin von mir. Irgendwann werde ich ihn besuchen.«

»Hier hast du den kleinen Clown, mein Kind, ich will ihn dir schenken. Aber vergiss die Fäden nicht und nicht die Träume.«

Das hätte er gar nicht mehr sagen müssen, dachte Lisa, sie winkte noch einmal, schob den kleinen Clown unter den Mantel und ging mit schnellen Schritten davon in die Dämmerung hinein.

Der Boden war hart geworden. Es fror. Lisa fror. Sie beeilte sich. Es konnte wirklich nicht mehr weit sein. Lisa keuchte, sie musste anhalten und Atem holen. Es war fast ganz dunkel geworden. Doch sie kannte den Weg. Es war lange her.

Es begann zu schneien. Zuerst waren es winzige weiße Kobolde, die vom Himmel tanzten. Dann wurden sie dicker, pelziger, schwerer. Nun schien es, als halte Frau Holle Hausputz. Der Schnee fiel wie in Brettern, schichtenweise, unaufhaltsam. Lisa musste stapfen. Das Gehen strengte an. Nach einer halben Stunde schon lag die weiße Decke knöcheltief. Der kleine Clown unter dem Mantel wurde schwerer.

Lisa zog sich die Mütze tief ins Gesicht. Sie fasste nach dem Ring von Großvater Majunek. Sollte sie jetzt …? Nein. Das war zu früh. Es konnte ja nicht mehr weit sein.

Ein kleiner Wind machte sich auf. Der plusterte den Schnee in der Luft durcheinander.

Lisa schwitzte. Lisa fror.

Zu dem kleinen Wind kam noch einer und noch einer und noch einer. Nun war es schon fast ein Sturm, der Lisa ins Gesicht schlug.

»Lieber Gott, hilf mir. Es ist doch nicht mehr weit.«

Da dachte sie an Merlin und an den Blinden und an die andern alle. Ihr fiel heiß ein, dass Oma Stillering gesagt hatte, mit den Träumen kämen auch die Engel. Aber hier gab es keinen Traum, es gab keinen Engel, und es gab auch kein Wunder.

Lisa kämpfte sich durch den Schnee und gegen den eisigen Sturm. Es war fast stockfinster. Sie bekam fürchterliche Angst, wieder die alte klebrige Angst. Wenn sie doch jetzt unter der Brücke liegen könnte, im warmen Karton neben Olga und dem Kind.

In diesem Augenblick schlug der Sturm unerwartet zu, packte Lisa am ganzen Körper und schleuderte sie in den Straßengraben, wo sie in der hohen Schneewehe versank. Sie spürte kaum Schmerzen, aber sie war müde, unendlich müde. Nun wollte sie schlafen, nur noch schlafen.

Als sie die Augen schloss, spürte sie wieder den Ring. Was hatte Valeska gesagt?

»In dem Augenblick, wo du den Ring nach unten drehst, muss dein Herz wollen, was du ihm sagst.«

Ihr Herz wollte nur eins, dass die Mutter frei würde von den Fäden des Teufels. Deshalb war sie ja von zu Hause fortgegangen.

Da drehte sie den Ring nach unten und sprach aus, was ihr Herz wollte.

Alsbald schlief sie ein und sah, wie ein Engel kam, der bei ihr Wache hielt. Dieser Engel war noch schöner als alle die andern. Er trug ein schneeweißes Kleid und hatte drei Gesichter. Das eine war zum Himmel gewandt, das andere sah auf Lisa herab, und das dritte war das Wächtergesicht, mit dem er aufpasste. Außerdem saß der dreigesichtige Engel auf vier Strohballen und spielte zugleich drei Instrumente: Mundharmonika, Ziehharmonika und Klarinette. Und in jedem der drei Gesichter trug der Engel eine dicke rote Nase.

Mehr nahm die schlafende Lisa nicht wahr, aber sie fühlte sich bei diesem Engel wohl behütet.

Die Mutter schrak von der Stickerei auf.

»Lisa ist zurück, Lisa ist da.«

Hastig stand sie auf, band ihr Kopftuch um, zog schwere Schuhe an, riss die Tür auf und lief hinaus in den schweren Schneesturm. Die kleine Laterne pendelte in ihrer Hand. Die Mutter rannte die Straße entlang, sie stemmte sich gegen die Gewalt des rasenden Windes. Sie musste stehen bleiben. Sie konnte nicht mehr. Der Sturm peitschte ihr den Schnee in Mund und Nase. Sie bekam kaum Luft.

»Lisa«, rief sie leise. »Lisa!« Aber niemand antwortete.

Als der Vater zusammen mit Merlin zu später Stunde durch den Schnee nach Hause kam, sahen sie Lisa im Bett, und neben ihr saß die schlafende Mutter.
Der Vater weinte. Merlin schwieg.

Am anderen Tag wachte Lisa spät auf. Die Sonne schien, und das Schwälbchen sah durchs Fenster. Lisa stand auf, ging langsam die Treppe hinab. Da war der Frühstückstisch festlich gedeckt. Kerzen strahlten.
Lisa sah zur Gardinenstange. Da saß niemand mehr mit gelb unterlaufenen Augen.
Lisa sah zur Mutter: Die hatte keine Fäden an Kopf und Schulter, Händen und Füßen.
Lisa sah zum Vater: Der hielt ihr die künstliche Hand hin und strahlte.
»Es ist alles wieder gut«, sagte die Mutter, »alles.«
»Das ist wunderbar«, sagte Lisa, »das ist wunderbar.«
»Ja, es ist ein Wunder«, warf Merlin ein, »du hast davon geträumt, und der Engel kam und mit ihm das Wunder.«
»Nun komm«, sagte die Mutter, »schließlich feiern wir deinen 10. Geburtstag.«
»Meinen 10.?«
»Ja, du warst zwei Jahre fort, zwei lange Jahre. Aber wir haben immer gewusst, wo du warst. Merlin hat uns stets alles erzählt.«
»Hier ist mein Geschenk«, sagte der und gab ihr einen großen goldenen Bernstein. »Hüte ihn gut. Wenn du in Not bist, dann halte ihn gegen die Sonne, und du wirst deinen Engel sehen.«

So feierten sie Lisas 10. Geburtstag. Oma Stillering kam auch. Sie hatte natürlich wieder ihre Zähne vergessen. Onkel Servitorius aß schrecklich viel Kuchen. Aber er meinte, als Käpt'n könne man sich das leisten.

Fortan holte sich die kleine Schwalbe jeden Tag ihr Futter am Küchenfenster.

Die Leute vom Pfeifengang planten das nächste Straßenfest, und Lisa saß oft an ihrem Denkstein und dachte an ihre vielen Erlebnisse.

Im Frühjahr fand das Schwälbchen ein zweites. Sie bauten ein Nest und blieben und mit ihnen das Wunder.

Gut zu wissen:

Der kleine Clown hing seither immer in Lisas Zimmer. Aber wenn sie Merlins Puppentheater besuchte, durfte er mit, und beide saßen dann in der ersten Reihe.

Sie nannte ihn Angelus.

Oder:

Wenn du einem Zwerg begegnest, dann prüfe,
ob er nicht die Seele eines Riesen hat.

Dennoch-König und Trotzdem-Hirt
2 Minuten, ab 12 Jahren

Am liebsten –
am liebsten würde ich die Welt
in den Stall schieben!
Aber der Stall ist zu klein,
und die Welt ist zu groß!
Dann müsste man,
ja, man müsste
den Stall in die Welt schieben!
Aber der Stall ist zu groß,
und die Welt ist zu klein!
Denn sonst würden die Herren
in Warschau und Moskau,
in Peking und Washington,
ja, sie würden auch
die Engel singen hören
vom Frieden auf Erden!

Die eiligen Füße
auf den Straßen der Dörfer
und in den Fluren der Behörden
sind nicht die Füße der Hirten,
und die nervösen Hände
über den schwer beladenen
Einkaufswagen
und in den Geschäften
und in den Häusern
sind nicht die Hände der Könige.
Aber ganz tief drin,
da leuchtet der Stern,
der aufmerksam macht,

was es heißt,
ein Gewissen zu haben
und das Ziel zu sehen:
die Erfüllung.

Drum, Zeitgenosse,
und Dennoch-König und
lieber Trotzdem-Hirt:
bei Weihnachten zusehen!
Das ist schon viel,
das können schon Ochse und Esel.
Aber den Stimmen nachgehen –
den Stern wirklich deuten –
die Tür zum Stall aufreißen –
staunen –
so wie die Kinder das können –
das gilt es zu lernen!
Damit Ruhe einkehrt
und wirklicher Frieden.
Herodes?
Was will er denn tun
gegen Menschen,
die lieben?!

Wider die Angst

2 Minuten, ab 10 Jahren

Unter den vielen, vielen Tieren der Schöpfung lebte eine kleine Maus mit einer ganz, ganz großen Seele. Eine Seele zu haben, das war ja der Wille des Schöpfers. Aber gleich eine so große!

Manchmal meinte die kleine Maus, sie wäre ein einziges Ohr.

Kann man sich vorstellen, nur Ohr zu sein?

Alles zu hören, selbst die feinsten Klageschreie der gejagten Kreatur?

Immer wenn sie so ganz Ohr war, wünschte sie sich einen Berg von Watte, um nichts mehr hören zu müssen. Denn was sie hörte, machte ihr Angst, schreckliche, peinigende Angst, sodass sie sich selber vorkam, als sei sie von tausend Katzen umstellt.

Manchmal meinte die kleine Maus, sie wäre ein einziges Auge.

Kann man sich vorstellen, nur Auge zu sein?

Alles zu sehen, selbst die unscheinbarsten Wunden der geplagten Kreatur?

Immer wenn sie so ganz Auge war, wünschte sie sich einen Berg von Tüchern, um nichts mehr sehen zu müssen. Denn was sie sah, machte ihr Angst, schreckliche, peinigende Angst, sodass sie sich vorkam, als stecke sie in einer grässlichen Falle.

Manchmal meinte die kleine Maus, sie wäre eine einzige Nase.

Kann man sich vorstellen, nur Nase zu sein?

Alles zu riechen, was zum Himmel stinkt in der Welt der verzagten Kreatur?

Immer wenn sie ganz Nase war, wünschte sie sich ein Fass

voll Parfüm, um nichts riechen zu müssen. Denn was sie roch, machte ihr Angst, schreckliche, peinigende Angst, sodass sie sich vorkam, als säße sie mitten im Speck voller Gift.

In ihrer Not ging sie zum Schöpfer: »Lieber Herr«, sagte sie, »ich möchte keine große Seele. Ich habe zu viel Angst und kann bald nicht mehr leben.«

Gütig antwortete ihr der Vater des Lebens: »Sag mir, ist es die Wirklichkeit, die du hörst, siehst und riechst?«

»Ja«, antwortete die kleine Maus mit der großen Seele.

»Nein«, sagte der Herr geduldig, »es ist nicht die Wirklichkeit, es ist die Fratze der Wirklichkeit. Ich verstehe, dass du Angst hast. Aber ich brauche deine große Seele, damit das wirkliche Leben zum Vorschein kommen kann. Ich will dir helfen, dass aus dem Hören das Begreifen, aus dem Sehen das Erkennen und aus dem Riechen das Empfinden für meine Wahrheit wird.«

Glücklich ging die kleine Maus mit der großen Seele nach Hause, wusste sie doch nun, dass sie wichtig war und nicht allein und voller Kraft.

Die Kerze

2 Minuten, ab 12 Jahren

Das Gespräch verstummte, das Schweigen wuchs, nicht bedrohlich, wie Stille bedrohlich sein kann, sondern mehr wie ein Wind sich legt, weil er müde wurde und nun dem Gras das Atmen gönnt. Sie saß vor der Kerze und sah in das Licht. Wer in das Licht sieht, gehört wohl zu den Leisen in der Welt, die sich bis heute nicht aus dem Traum vom Leben reißen lassen.

Als sie so saß und sah, begann die Kerze zu erzählen:

»Du bist ein Mensch und fragst so viel, wozu es dich gibt, und was das Leben eigentlich soll? Du willst wissen und immer mehr wissen, du hinterfragst und analysierst; du bezweifelst, was du denkst, du denkst, was du bezweifelst; du bereust, was du tust, und du tust, was du bereust; du verwirfst, was du hast, und dann hast du, was du verwirfst; so beginnst du, dich selbst zu bezweifeln, und hast die ständige Angst, du könntest dich verlieren.«

Während dieser Worte strahlte die Kerze, und ihr Glanz verzauberte den Raum und verzauberte die Nacht. Als habe sie es gespürt, wie sie auf die Frau wirkte; denn schon sprach sie es aus:

»Ihr Menschen habt auch Angst vor der Verzauberung. Ihr liebt Märchen, aber verschließt euch dem Wissen um die Geheimnisse. Ihr sucht das Fremde und verachtet das Nahe.«

Die Frau saß da und dachte nach. Denn es tut gut, nachzudenken im Schimmer einer Kerze, die erzählt.

»Ja«, sagte sie zu ihr, »du hast Recht. Ich komme mir verloren vor und habe den Eindruck, keinen Schritt weiterzukommen. Ich grüble und weiß dann nicht weiter; ich treffe Entscheidungen und stehe nicht zu den Folgen.«

»Genauso ist es«, meinte die Kerze, »ihr Menschen habt eine große Angst: Es ist die Angst vor der Freiheit! Deswegen richtet ihr euch ein in den kleinen und großen Gefängnissen der Bedingungen.«

»Du hast wahrscheinlich auch hierin Recht«, erwiderte die Frau. »Aber ich weiß eben nicht, wie ich mein Leben zur Freiheit verändern kann.«

»Siehst du: Ich bestehe aus Wachs und Docht. Aber das ist noch gar nichts. Erst wenn ich mich entzünden lasse, werde ich zum Licht und bin fähig, zu strahlen, zu wärmen und zu leuchten. In dem Maße, wie ich das tue, verzehre ich mich und verlösche am Ende, weil ich brannte. Nur wer sich preisgibt, hat Erfüllung. Wer sich für das Leben entzünden lässt, wird frei.«

»Danke!«, sagte die Frau. »Danke!«

Warum Gott, der Herr, das Böse duldet
Ab 10 Jahren

Viele Tiere waren im Laufe der Zeit mündig geworden und begannen nachzudenken. Da sie aber merkten, wie viel Unrecht in der Welt geschah, wie viel Mord und Lüge, wie viel Gemeinheit und Bosheit, ließ ihnen eine Frage keine Ruhe mehr: Wie konnte Gott, der Herr, das alles bloß dulden?

Die Hasen waren inzwischen zu Angsthasen geworden und konnten gar nicht mehr so viele Haken schlagen, wie es nötig wäre, um den Füchsen zu entgehen.

Die Mäuse waren zu Duckmäusen geworden, die sich gesenkten Blickes in ihr Schicksal ergaben.

Die Gänse waren wegen ihrer Dummheit bekannt und die Affen, weil sie alles nachmachten.

Die Kamele hatten sich zu Trampeltieren entwickelt, und die Sperlinge waren als Dreckspatzen abgestempelt.

Alles nur, weil sie mit der einen Frage nicht fertig wurden.

Denn der schwarze Rabe aus Rom hatte ihnen erklärt: Euer Schöpfer ist gut und allmächtig, aber ihr seid missratene Einzelgänger. Seht zu, dass ihr das Beste aus diesem Leben macht, denn eines Tages gibt es die große Abrechnung und dann … na ja, ihr werdet ja sehen.

Der Uhu aus Wittenberg hatte auch zu den Tieren gesprochen und ihnen erklärt, jedes Tier sei von Natur aus schlecht und bedürfe zum Leben immer wieder neu der gnädigen Zuwendung des Schöpfers. So lange das nicht überall so sei, ginge das Böse einher wie ein brüllender Löwe.

Man kann sich denken, dass hier der Löwe einfach wütend wurde.

Immerhin, die Frage blieb offen, die Antworten waren zu kompliziert. Denn die Tiere liebten ihren Schöpfer, hatte er ihnen doch die wundersame Welt gegeben.

Der Zaubertraum

50 Minuten, ab 8 Jahren

I. Die Heilige Nacht *(10 Minuten)*

Tatsächlich hatte es geschneit in diesem Jahr. Das Land hatte sich unter weißem Linnen versteckt. Haus und Stallgebäude wirkten wie Knusperhäuschen, mit Zuckerguss überzogen. Kühe und Pferde hatten ein besonderes Futter bekommen. Immerhin war Heiliger Abend, und es war seit Generationen Sitte, zuerst und besonders die Tiere zu bedenken. Auch den halbwilden Katzen hatte man ausnahmsweise eine Schale Milch hingestellt. Für den großen schwarz-weißen Neufundländer hatte Jonas selber gesorgt. Das war sein Hund, sein treuer Gefährte. Danach waren sie alle zur Kirche gefahren.

Der Raum quoll über von Menschen, aber es war trotz der Fülle eine liebevolle Atmosphäre, und der Glanz der Lichter nahm Jonas auch diesmal gefangen. Die alten Lieder versammelten die Menschen zu einer kurzen Gemeinschaft des Friedens. Die alten Geschichten wirkten auf Jonas, als wären sie gestern gerade geschrieben. Er stellte sich sofort den mächtigen Kaiser Augustus vor, als der den Befehl für eine Volkszählung erließ. Er sah auch Josef und Maria vor seinen Augen, die den mühseligen Weg zu Fuß und auf dem Esel zu bewältigen hatten. Er roch auch förmlich den armseligen Stall, in dem das Wunder für die Welt geschehen sollte. Unwillkürlich streckte er seine Hände vor, als wollte er das neu geborene Kind auf den Arm nehmen.

Jonas war an diesem Abend König und Hirt zugleich. Und – er vernahm den Gesang der Engel. So war es ihm stets ergangen.

Einmal hatte er später zu Hause davon erzählt und hatte nur schallendes Gelächter geerntet. Träumer hatten sie ihn genannt. Träumer.

Seither hatte er seine Empfindungen nie wieder preisgegeben. Lediglich der Großmutter hatte er sich anvertraut. Die hatte gütig gelächelt und gemeint: »Mein Junge, du bist in guter Gesellschaft. Die Weisen aus dem Morgenland haben auch geträumt, und sie fanden einen neuen Weg. Und Josef hat auch geträumt und rettete Mutter und Kind nach Ägypten. Denn Träume sind Suchbilder der Seele. Wer sie erlebt, ist Gott ganz nahe.«
Mehr hatte sie nicht gesagt.

Von der Predigt des Pastors hatte er nicht viel aufgenommen. Der sprach vom Frieden auf Erden und hatte anscheinend keine Ahnung, wie schwer es im Alltag sein konnte.
Jonas nämlich hatte zwei ältere Brüder, Markus und Ansgar. Markus hatte Bauer gelernt und war des Vaters rechte Hand. Die beiden besprachen alles, was zu regeln war. Sie ließen es Jonas auch spüren, dass sie ihn nicht für voll nahmen. Das schmerzte.
Ansgar hatte Tischler gelernt und es schon zu einer eigenen Werkstatt gebracht. Ansgar war verheiratet und kam oft mit Frau und Kindern zu Besuch.
Jonas wusste nur zu genau, dass er eigentlich zu Hause nur noch geduldet war. Dem Vater war er nicht tüchtig genug, und die Mutter hatte keinen Sinn für seine Träumereien, wie sie es nannte. Denn Jonas las Gedichte und Romane, kannte viele Lieder und Märchen, wusste die Namen von Pflanzen und Tieren, spielte gern mit Handpuppen und konnte schnitzen; wundervoll konnte er schnitzen. Er hatte schon eine ganze Krippe geschnitzt. Am Schnee-Engel, wie er ihn nannte, hatte er besonders lange gearbeitet. Als der weiße Bote fertig war, staunten die Nachbarn, denn dieser Engel hatte die Form einer schönen Trompete.
Das alles konnte Jonas.
Aber den Eltern und den Brüdern war das nicht genug. Als er dann noch sagte, er wolle nach der Schule Kinder-

gärtner werden, war es vollends aus. Das sei ein Beruf nur für Frauen, meinte der Vater. Markus sagte, das brächte kein Geld. Ansgar fügte hinzu, es sei nichts, was Zukunft habe. Und die Mutter lachte, nein sie grinste, was Jonas weh tat.

Die Großmutter hingegen sagte leise, als sie beide allein waren: »Nicht der Weg ist wichtig, sondern das Ziel. Du wirst schon wissen, warum. Deine Träume, mein Junge, deine Träume sind kostbare Geschenke. Bei den Indianern, so habe ich mal gelesen, gibt es Traumfänger. Das sind kleine kunstvolle Gebilde aus Stäben, die über die Tür gehängt werden. Darin fangen sich böse Träume und erreichen die Seele nicht. Es gibt aber auch Traumfänger für gute Träume, die gehören über das Bett.«

Die Großmutter stammte aus Ostpreußen. Sie musste es ja wissen.

»Welchen Traum soll ich für dich fangen?«, fragte sie noch.

»Einen Zaubertraum«, antwortete Jonas etwas verlegen.

»Was ist ein Zaubertraum?«, fragte die Alte.

»Mein Zaubertraum«, erwiderte Jonas zögernd, »mein Zaubertraum müsste mir erklären, womit ich mein Leben füllen kann, damit es schön wird und andere Leute auch Freude an mir haben.«

Alle diese großen und kleinen Gedanken schossen Jonas durch den Kopf, als er an diesem Heiligen Abend in der Kirche saß und dem Pastor nicht zuhörte. Plötzlich aber, ganz aus dem Zusammenhang gebrochen, hörte er doch einen Satz: »Es ist ein alter Glaube der Menschheit, dass Tiere in der Heiligen Nacht sprechen können.«

Das beschäftigte ihn doch sehr. Jonas freute sich auf die mitternächtliche Stunde. Er war gespannt. Immer schon hatte er gedacht, er verstünde seinen Hund Pan Tau. Aber dass der auch reden könnte! Herrlich müsste das sein.

Nach dem »O du fröhliche« und manchem Händedruck fuhren sie nach Hause.

Dann gab es Bescherung. Es war eigentlich wie immer. Jeder bekam, was er brauchte.

Aber die Großmutter nahm Jonas heimlich auf die Seite und drückte ihm ein kleines Päckchen in die Hand.

Spätabends, als sie zu Bett gingen, öffnete Jonas das Päckchen in seinem Zimmer, und heraus kam der schönste Traumfänger, den er sich hatte vorstellen können. Kunstvoll hatte die Großmutter Weidenzweige geflochten, hatte diese mit Hagebutten besetzt, hatte alles mit Binsen verflochten und in der Mitte eine kleine Wurzel eingewoben. Sie würde schon wissen warum.

Sorgsam nahm Jonas das kleine Kunstwerk in beide Hände, nahm die Reiterschleife vom Nagel, die bislang über dem Bett der einzige Wandschmuck war, und befestigte Großmutters Traumfänger.

Dann stand er davor und musste an die Indianer denken. Nur gute Träume würde er willkommen heißen. Nur gute.

Sein großer Hund lag dicht neben der Tür. Er schnaufte. Der pechschwarze Kopf ruhte auf beiden lang gestreckten Tatzen. Die stumpfe Schnauze mit ihrer pechigen Nase strömte unvergleichliche Ruhe aus.

Noch eine Minute bis Mitternacht.

Jonas legte sich neben seinen geliebten Hund lang auf den Fußboden. Unten in der Diele schlug die alte Bornholmer Uhr mit hellem Klang 12 mal.

»Mein Hund, mein Freund, mein Bruder«, begann Jonas zärtlich, »ich habe gehört, dass wir uns in der Heiligen Nacht gut verstehen können.«

»Natürlich ist das so«, sagte der Hund mit tiefer Stimme. »Meint ihr Menschen denn, der Erlöser sei nur für euch gekommen?«

»Was rätst du mir, mein guter Hund, was soll ich tun? Ich will meinen Traum finden, verstehst du, meinen Traum!«

»Dann pack deine Sachen und lass uns aufbrechen. Ich will dir helfen. Du musst zuerst ans Meer. Jetzt reicht die Zeit nicht, um dir zu erklären, warum; denn die Minute ist nun vorbei, wo wir miteinander reden können.«

Da war wieder Schweigen im Raum. Aber es war eine wundervolle Stille. Jonas war glücklich. Er hatte seinen Hund verstanden. Danach blickte er auf und sah, wie Großmutters Traumfänger hell glühte. Er wirkte wie ein Strahlenkreuz, wie eine Leuchtgirlande, wie ein heimliches Feuer, wie ein Licht in der Dunkelheit.

Mitten im glühenden Traumfänger entstand plötzlich das Bild eines Fisches.

Als Jonas nach dem Gebilde griff, verlosch es.

Traurig nahm er den Traumfänger von der Wand, verstaute ihn zusammen mit wichtigen Dingen in der großen Tasche, gab seinem Hund ein Zeichen, und leise verließen beide Haus und Hof.

Durch den Schnee und die Sterne stapften sie in die Zukunft.

II. Jonas am Meer *(8 Minuten)*

Nach vielen Tagen waren sie angekommen, Jonas und der große Hund. Sie waren am Meer.

Jonas staunte über die ungezählten Möwen, die wie kleine Papierschiffchen auf den flachen Wogen tanzten. Und zwischen ihnen lag die Sonne in glitzernden Strahlen wie ein Teppich aus bunter Musik.

»Du kannst mit mir fahren«, sagte der alte Fischer mit dem weißen Bart knapp. »Aber dein Hund bleibt an Land.«

»Mein Hund kommt mit an Bord.«

»Dann muss er Fischköpfe fressen.«

»Er wird Fischköpfe fressen.«

Pan Tau kam mit an Bord.

Die Männer aßen gut und reichlich. Dann machten sie die Leinen los, und der Kutter zerschnitt schwerfällig die leichte See und den Musikteppich der Sonne. Die Möwen tanzten, und der Horizont trennte messerscharf den Himmel von der Erde.
Der Fischer hatte nur gefragt, was Jonas vorhabe.
»Ich suche meine Zeit!«, war die knappe Antwort.
Der Fischer spuckte einen kräftigen Rotz auf die Planke, lächelte breit und sagte nur: »Na denn.«

Gegen Mitternacht wurde die See schwerer. Jonas hatte Mühe, sich auf den Beinen zu halten. Der Fischer sorgte sich um seine Netze. Kurze Kommandos hallten in die dunkle Nacht. Der Motor quälte sich durch die Dünung. Mit jeder großen Woge schien sich der Bug in den Himmel zu heben. Salzwasser schwappte in riesigen Mengen über das Deck. Den Männern schien das nichts auszumachen.
Jonas hatte Angst. Der große Hund schmiegte sich an Jonas: »Du brauchst keine Angst zu haben.«
»Wieso sprichst du?«, fragte Jonas. »Es ist doch nicht Heiligabend.«
In diesem Augenblick scholl es: »Mann über Bord!«
Der große Strahler erreichte den Mann im Wasser, der sich verzweifelt bemühte, dichter ans Schiff zu kommen.
»Das ist mein Sohn!«, schrie der Kapitän. »Das ist mein Sohn!«
Der Mann wollte sich das schwere Regenzeug vom Leib reißen, um seinem Sohn nachzuspringen. Da war auch schon der große Hund mit weitem Satz über die Reling gesetzt.
»Nicht, Kapitän!«, brüllte Jonas gegen den Sturm. »Pan Tau wird es machen.«
Das riesige Tier erreichte den Mann im Wasser nach kurzer Zeit.

»Halt dich im Nacken fest! Halt dich im Nacken fest!«, schrie Jonas dem Mann zu.

Der große Hund brachte es fertig. Mit kräftigen Zügen und unter Aufbietung aller Kräfte zog er den jungen Mann dicht an das Schiff heran. Brecher schlugen über beiden zusammen. Aber den Männern gelang es, den Mann mit Seilen aus dem Wasser zu ziehen. Dann ließen sie Jonas am Tau außenbords herunter. Er band ein Seil um den Brustkorb seines Hundes, und beide kamen wohlbehalten oben an.

Die Nacht ließ allen keine Zeit zum Reden. Aber Jonas spürte, dass er nun dazugehörte. Mehr noch: Er gewann den Eindruck, dass man ihm mit Scheu und Nachdenklichkeit begegnete. Sein Hund schlief in der Kajüte. An Deck hatten sie alle Hände voll zu tun.

Als der Morgen graute, legte sich das Wetter. Die Sonne stieg aus dem Meer, als hätte sie frisch gebadet. Jonas ging in die Kajüte. Sein Hund begrüßte ihn fröhlich. Über der Koje glühte der Traumfänger der Großmutter.

Nach dem kräftigen Frühstück für die Männer und den Fischköpfen für Pan Tau dankte der Kapitän dem Retter in aller Form. Der Hund schien den Mann zu verstehen. Aber auch Jonas galt der Dank. Die Männer taten es dem Kapitän nach. Sein Sohn aber kniete neben dem Tier und ließ sich seine Zunge auf dem Gesicht gefallen.

Nun zogen sie die Netze ein, die unversehrt geblieben waren. Es war ein reicher Fang.

Plötzlich stand der Kapitän vor Jonas.

»Wähle aus«, sagte er, »ich will dir meine Dankbarkeit zeigen. Wähle aus: Mein Schiff soll dir gehören oder meine Tochter oder diese Muschel. Wähle aus.«

»Nimm die Muschel«, hörte Jonas seinen Hund sagen, ohne dass es die anderen vernehmen konnten.

»Ich wähle die Muschel.«

Sichtlich erleichtert gab der Kapitän Jonas die Muschel.

»Ich sehe, mein Junge, du bist bescheiden. Das ehrt dich. Bewahr die Muschel als Erinnerungsstück.«

Als Jonas die Kajüte betrat, glühte der Traumfänger wieder über der Koje. Da bewegte sich die Muschel in seiner Hand, öffnete sich von selbst, und im Schein des Traumfängers sah Jonas eine wundervolle große Perle.

Nach dieser Fahrt heuerte Jonas ab und machte sich mit dem Hund auf einen neuen Weg.

III. Jonas auf dem Berg *(8 Minuten)*

Auf seiner Suche nach der Zeit geriet Jonas zusammen mit dem großen Hund an einen Berg. Dieser Berg lag mitten zwischen anderen Bergen. Aber es war ein besonderer Berg; denn er war eingehüllt in Wolken.

Zusammen bestiegen sie den Berg, so weit sie konnten. Dicht unter den Wolken auf einer grünen Matte standen bunte Blumen. Jonas staunte. Nie hatte er gedacht, dass auf einem Berg so viele bunte Blumen stehen könnten. Er sah sie an. Er staunte. Viele kleine große Wunder, dachte er und beschloss, ihnen ein Gedicht zu widmen. Doch das hatte Zeit. Er sah die Blumen, und seine Seele lächelte.

Wenig später trafen sie einen jungen Hirten. Er hatte eine große Herde.

»Wie kann man nur als junger Hirte eine solch große Herde hüten?«, fragte sich Jonas.

»Willst du mir helfen?«, fragte der Junge.

»Gern will ich dir helfen.«

So zogen sie beide der Herde voran, während die beiden Hunde des Hirten um die Tiere herum tollten, um sie beieinander zu halten. Pan Tau ging an Jonas' Seite.

»Was ist das für ein Hund, dein Hund?«, fragte der Hirt.

»Es ist ein Neufundländer«, antwortete Jonas.

»Was kann dein Hund?«, wollte der Hirt wissen.

»Er kann Menschen retten und Fischköpfe fressen.«

Der Hirt lachte. Jonas erzählte von der Nacht auf dem Meer.

»Meine Hunde können Herden hüten.«

»Mein Hund kann deine Hunde hüten und uns beide«, sagte Jonas stolz. Dabei streichelte er das große Tier.

»Warum bist du hier?«, fragte der Hirt.

»Ich suche meinen Zaubertraum.«

»Was suchst du?«

»Meinen Zaubertraum.«

»Verstehe«, sagte der Hirt. »Wirst du ihn finden?«

»Das weiß ich noch nicht.«

»Komm, lass uns essen«, sagte der Hirt.

Es gab Käse und Milch und Brot und ein gekochtes Ei.

Der Berg sah jetzt gewaltig aus. Aus dem Nebelhut war eine schwarze Wolldecke geworden. Etwas bläulich auch.

»Es ist Zeit«, meinte der Hirt.

»Wofür ist Zeit?«, fragte Jonas.

»Zeit für einen Pferch und Zeit für die Hütte.«

Das leuchtete ein.

Plötzlich war alles nur noch Blitz und Donner. Die Herde stob auseinander. Zwischen den Ausbrüchen des Bergwetters war es totenstill.

Totenstill. Jonas horchte. Sein Blut schlug. Sein Herz schien zu platzen. Schweiß stand ihm auf der Stirn. Sie rannten der Herde nach. Sie rannten. Bläulich der Himmel. Schwarz der Berg. Steil der Felsen. Der Lodenumhang des jungen Hirten flatterte wie eine graue Fahne. Die Herde raste. Die Blitze zuckten. Die Donner schienen um den Berg Polka zu tanzen. Jonas rang nach Luft. Ihm schnitt es die Lunge ab.

Da gewahrte er, wie der junge Hirt zusammen mit einem Lamm im Abgrund verschwand. Er sah hinab. Tief unten lagen beide.

Seine Augen flimmerten. Er musste handeln.

In derselben Sekunde sprang der große schwere Hund von Fels zu Fels, von Vorsprung zu Vorsprung, tiefer hinab und immer tiefer, bis er bei beiden angekommen war. Sicher geleitete das kluge Tier den jungen Hirten bis nach oben, um sofort wieder nach unten zu klettern, bis er bei dem Lamm angekommen war, das er in den Fang nahm und sicher zu den beiden Männern brachte.

Die Hunde des Hirten hatten inzwischen die Herde geordnet.

»Ich heiße Johannes«, sagte der Hirt, »und ich möchte euch danken. Deinem Hund möchte ich danken. Willst du ihn mir verkaufen?«

»Um alles in der Welt nicht«, erwiderte Jonas.

»Das habe ich mir gedacht«, sagte der Hirt.

»Komm, es ist Zeit für den Pferch und die Hütte.«

In der Hütte saßen sie beieinander. Jonas erzählte dem Hirten von der Großmutter, vom Traumfänger und vom Zaubertraum.

Johannes verstand ihn. Aber die Sache mit der Zeit …? Nein, die verstand er nicht. Wo sollte man denn die Erfüllung der Zeit erleben, wenn nicht in der Zeit?

Jonas staunte über die Weisheit des jungen Hirten. Als er zu Bett ging, glühte der Traumfänger wieder über seinem Bett. Doch diesmal verlosch er nicht, sondern behielt sein Licht bis zum Morgen.

Beim Abschied sagte der Hirt: »Du kannst wählen. Ich will dir meine Dankbarkeit zeigen. Du kannst wählen: Ein Mutterschaf oder meine beiden Hunde oder diesen Stein.«

»Nimm den Stein«, sagte Pan Tau, ohne dass der Hirt ihn verstehen konnte.

Jonas wählte den Stein.

»Ich sehe, du bist bescheiden und ehrlich«, sagte der Hirt. »Segen sei auf deinem Weg.«

Jonas ging, sein Hund schmiegte sich an ihn. Als sie Rast machten, fiel ihm der Stein aus der Hand, und heraus sprang der schönste Bergkristall, den er sich hätte vorstellen können. Jonas verstaute ihn gut neben der Perle.

Dann machten sie sich wieder auf den Weg.

IV. Jonas auf dem Land *(8 Minuten)*

Auf der Suche nach der Zeit geriet Jonas mit seinem Hund in ein kleines Dorf. In diesem kleinen Dorf standen Glashäuser, und in den Glashäusern lebte und arbeitete ein Gärtner.

Jonas stand mit seinem Hund lange vor den Glashäusern. Es war ein praller Tag. Die Sonne hatte sich fett über das Land gelegt, als wollte sie es erdrücken. Die Luft flirrte summend und surrte flimmernd wie ein Schwarm wilder Bienen.

Jonas schwitzte. Pan Tau hechelte und ließ seine große rote Zunge aus dem Maul hängen. »Nein, aus der Schnauze«, verbesserte sich Jonas, und er sah den blauen Fleck auf der Zunge seines Hundes. Das Adelszeichen, sozusagen sein Wappen.

»Ich kann dich brauchen«, sagte der Gärtner, der plötzlich vor Jonas stand.

»Ich kann dich brauchen, wenn du willst.«

»Gern«, erwiderte Jonas.

»Aber dein Hund bleibt draußen«, sagte der Gärtner.

»Mein Hund kommt mit hinein,« sagte Jonas.

»Und wenn er meine Orchideen frisst?!«

»Mein Hund frisst keine Orchideen.«

»Komm«, sagte der Gärtner.

Der Gärtner zeigte ihm die tausend Wunder seiner Glashäuser.

Jonas war begeistert. Er staunte. So viele Farben. So viele Düfte. So viele Formen. Der Gärtner nannte ihm alle Namen seiner Kinder, wie er die Blumen zärtlich nannte.

Aber auf die Frage, wie er die Erfüllung der Zeit fände,

wusste der Gärtner keine Antwort. Doch über der Arbeit wurden sie Freunde, und der Gärtner nahm Jonas auf wie einen Freund.

Die Glashäuser waren wie ein Gedicht. Die Blüten reimten sich in Rhythmen. Die Düfte fügten sich in Melodien. Die Formen wuchsen zusammen wie Reime. Die Schwüle lag dicht über den Farben wie schwerer Leim.

Pan Tau lag hechelnd auf dem Erdhaufen. Der Hund hatte sich im Pferdedung gewälzt. Jonas bediente die Berieselungsanlagen. Alexander, der Gärtner, war zufrieden.

Plötzlich standen sie da, die fünf jungen Männer, in Lederkluft und mit dunklen Mienen. Geld wollten sie, sagten sie, und sie sagten, ohne Geld würden sie die Glashäuser zertrümmern.

Alexander fingerte an der grünen Schürze, sein Gesicht war bleich. Er war hilflos, er hatte Angst, und Jonas wusste nicht, was er tun sollte.

Da stieg der große Hund hoch, er legte die breiten Tatzen auf die Schultern des Anführers, ein tiefes Grollen kam aus seiner Kehle, seine Brust zitterte.

Die fünf Männer standen wie angewurzelt, es schien, als genüge ein Fünkchen, um die Glut des Grolls zu entfachen. Die Orchideen wisperten ängstlich. Die Sonne prallte. Die Hitze schwelte.

Jonas spürte die Schweißperlen auf der Stirn. Der große schwarz-weiße Hund hatte seinen Fang weit geöffnet. Niemand wusste, dass er nicht beißen würde.

Da bat der eine der fünf Männer Jonas, den Hund zurückzurufen. Sie würden auch abziehen. Ja, das würden sie.

Aber der Hund ließ sich nicht zurückrufen. Er ließ die Tatzen auf der Schulter des Mannes.

Jonas ging zu dem Mann. Der bat um Hilfe. Der Hund gehorchte sofort, als Jonas ihn zurückrief. Der Spuk war vorbei.

Der Gärtner setzte sich auf einen Hocker. Die fünf Männer verließen das Glashaus. Jonas streichelte seinen Pan Tau. Der Gärtner dankte ihm. Die Orchideen dufteten. Die Sonne glühte. Der Hund trank in langen Zügen.

Da sagte der Gärtner: »Du kannst wählen. Nimm alles Geld, weil du mich gerettet hast. Nimm die schönste Orchidee meiner Zucht. Oder nimm diese trockene Kugel.«

»Nimm die trockene Kugel«, sagte der Hund.

»Ich nehme die trockene Kugel«, sagte Jonas, und sie verabschiedeten sich.

Wenig später legte Jonas die trockene Kugel in eine Pfütze. Sie entfaltete sich zu seinem Erstaunen, sie wurde grün und größer, sie schien zu wachsen, und da begriff er: Es war die Rose von Jericho. Jene wundersame Rose, die wohl dreihundert Jahre zu überleben weiß in den Zeiten der Dürre, um beim kleinsten Tropfen Wasser ihre ganze Fülle zu entfalten.

V. Jonas im Schloss *(8 Minuten)*

Jonas fühlte sich reich. Da war die Liebe seines Hundes. Da war aber auch die wundervolle Perle. Da war auch noch der strahlende Bergkristall. Und schließlich war da noch die Rose von Jericho. Jonas fühlte sich reich.

Seine Erlebnisse machten ihn glücklich. Glücklich war er auch über Großmutters Traumfänger, der über seinem Kopfende glühte, wenn etwas Besonderes geschah. Doch er spürte nichts von seinem Zaubertraum, nichts von der Erfüllung der Zeit.

So ging die Reise weiter. Überall fand er freundliche Menschen, bei denen er arbeiten konnte, um sich sein Essen und das Futter für den Hund zu verdienen. Am Abend der Mittsommernacht kamen sie an einen dichten Wald. Pan Tau ging dicht neben Jonas. Als sie eine kleine Weile tiefer in den Wald gedrungen waren, wurde es ganz still. Keine Vogelstimme war zu hören. Kein Eichhörnchen sprang von Ast zu Ast. Kein Igel raschelte. Jonas blieb stehen; denn was er sah, erschien ihm wie ein Traumbild: In kleiner Entfernung stand vor ihnen ein weißer Bär.

Die Großmutter hatte ihm oft Bärengeschichten erzählt. Auch davon, dass die Indianer einen Bären mit »Großvater« anredeten. Und auch davon, dass der Bär der Gefährte des Menschen sei. Und auch davon, dass der Bär ein Symbol der Mutter Maria sei, weil er sein Junges zärtlich lecke und ihm die richtige Gestalt gebe. Daran erinnerte sich Jonas schnell.

Sein großer Hund hatte weder Angst vor dem weißen Bären noch knurrte er. Statt dessen ging er auf die weiße pelzige Gestalt zu. Beide Tiere stellten sich auf die Hinterbeine und umarmten sich wie alte Freunde.

Da näherte sich auch Jonas dem wundervollen Bären. Der blickte ihn aus guten braunen Augen an. Dann sagte der Bär: »Steig auf meinen Rücken.« Ohne Zögern stieg Jonas auf den Rücken des weißen Bären. So ging es tiefer in den Wald hinein. Der große Hund ging ruhig nebenher.

Plötzlich lichtete sich das Blätterwerk, und sie befanden sich auf einem freien Platz. Jonas stieg ab. Der Bär setzte sich. Der Hund setzte sich. Jonas sah sich um und gewahrte nun in einiger Entfernung ein offenes Halbrund. Dort saß auf einem mit Blumen geschmückten Thron aus Moos eine steinalte Frau, die eine zierliche Krone aus bunten Vogelfedern trug. Links und rechts vom Thron standen, saßen, lagen oder hockten Tausende, nein Abertausende von Tieren.

Leise murmelte der weiße Bär: »Das ist unsere Königin: Es ist Mutter Erde. Niemand kann ihre Jahre zählen, aber trotz ihres Alters ist sie in ihrem Herzen jung geblieben.«

Die alte Königin machte eine Handbewegung, und im selben Augenblick setzte der Chor der Vögel ein. Nun war

Jonas auch klar, warum vorhin der Wald so still gewesen war. Es schien ihm die schönste Musik, die er je gehört hatte. Es schienen ihm die schönsten Farben, die er je gesehen hatte. Und es schien ihm der schönste Tanz, der nun begann, und die alte Königin erhob sich und tanzte mit. Bär und Hund machten miteinander tolpatschige Bewegungen, aber sie tanzten, und die Mäuse tanzten, und die Eulen schwangen den Taktstock.

Das alles erschien so unwirklich, dass Jonas sich die Augen rieb. Aber das Bild blieb, und die Harmonie blieb, und Mutter Erde lächelte ein unendlich gütiges Lächeln.

Als sie wieder auf dem Moosthron Platz genommen hatte, begann sie.

»Jonas, du bist der erste Mensch, den ich in meinem Zauberreich willkommen heiße. Die anderen Menschen haben mir wehgetan, haben mich geschlagen, haben mich verwundet, haben mich vergiftet. Mein Körper besteht aus allem, was lebt. Deshalb spüre ich jeden Schmerz, der Lebewesen zugefügt wird.«

»Ich weiß nicht, ob ich deine Freundlichkeit verdient habe«, sagte Jonas bescheiden, »aber ich freue mich sehr und danke dir, Mutter Erde.«

»Der weiße Bär hat dich gebracht. Das war mir Zeichen genug«, sagte die Königin. »Komm näher; denn lange darfst du nicht bei uns bleiben, sonst kannst du nie wieder zurück ins Reich der Menschen.«

Jonas trat ganz nahe, und Hund und Bär standen neben ihm, jeder auf einer Seite.

»Du musst zurück, um den Menschen meine Botschaft zu sagen. Willst du das tun?«

»Gern will ich das. Nur zu gern, wenn du es mir zutraust.«

»Dann höre: Wer leben will, muss mir dienen. Wer mir dient, wird leben. Wer das ausschlägt, wird sterben.

Nun will ich dir noch etwas schenken. Wähle aus zwischen diesem Klumpen Gold, diesem Beutel Silber und dieser Feder einer Eule.«

Ohne zu zögern wählte Jonas die Feder der Eule, aber er wusste auch nicht warum.

Dann küsste er der alten Königin zaghaft die wurzelige Hand, verneigte sich, stieg auf den weißen Bären, und sie traten zusammen mit dem großen Hund den Rückweg an, während die Vögel musizierten.

Bald lag der Wald hinter ihnen.

»Jetzt muss ich zurück«, sagte der Bär, während seine braunen Augen verschmitzt leuchteten. Wenig später war er im Dickicht verschwunden.

Jonas sah auf die Feder in seiner Hand. »Was soll nur daraus werden?«, fragte er sich heimlich.

VI. Jonas in der Höhle *(8 Minuten)*

Jetzt habe ich eine Perle, einen Kristall, die Rose von Jericho und die Feder der Eule, überlegte Jonas glücklich, als er seine kleinen Schätze vor sich ausbreitete. Sein Hund schlief, denn er hatte gut gefressen. Jonas dachte nach:

Bin ich dem Zaubertraum näher gekommen? Werde ich die Erfüllung der Zeit finden?

Ihn befiel dabei der Gedanke, dass er vielleicht zu viel suche. Doch als er den Traumfänger der Großmutter zur Hand nahm, wusste er, dass er aufbrechen musste.

Es dauerte Wochen, bis sie an einen Hügel kamen. Seitlich hatte der Hügel ein großes Loch. Pan Tau legte sich lang auf den Bauch und wedelte fröhlich mit dem Schwanz.

Im selben Augenblick kam ein bärtiger Mann aus der Höhle, blinzelte kurz in die Sonne, reichte Jonas die Hand und sagte: »Willkommen, ihr beiden. Der weiße Bär hat mir eure Ankunft gemeldet, schon vor Wochen.«

»Wer bist du?«

»Ich bin ein Einsiedler. Ich wohne hier seit vielen Jahren. Seit sehr vielen Jahren.«

»Und woher kennst du den weißen Bären?«

»Er ist der Bote der alten Königin, mit der ich oft spreche, weil ich versuche, ihre Wunden zu heilen. Aber kommt in die Höhle, wir wollen essen, denken und schlafen.«

Essen, denken und schlafen hatte der Mann gesagt. Von Reden hatte er nicht gesprochen.

Drinnen nahmen sie auf groben Hockern Platz. Das Feuer gab Licht und Wärme. Der Einsiedler nahm ein Brot, schlug ein Kreuz und sprach ein stilles Gebet. Dann aßen und tranken sie. Gesprochen wurde kein Wort. Aber die Gedanken kamen. In diesen Gedanken wuchs das Bild einer freundlichen Welt, und in diesen Gedanken hörte Jonas Klänge, als kämen sie vom Himmel. Da dachte er wieder an jenen Heiligen Abend.

Der große Hund legte sich an den Eingang der Höhle. Jonas legte sich auf die Decke, nachdem er noch den Traumfänger der Großmutter zu Häupten befestigt hatte. Der Einsiedler lächelte dabei.

Die geflochtenen Weidenzweige begannen wieder zu glühen. Jonas schlief ein und vernahm nur ganz von fern, wie der Einsiedler leise sang:

>»Mit meinen Augen sehe ich
>alle deine Wunder.
>Mit meinen Ohren höre ich
>alle deine Wunder.
>Mit meinem Herzen fühle ich
>alle deine Wunder.
>Mit meiner Seele spüre ich
>alle deine Wunder.«

Nach dem Frühstück am anderen Morgen sprang der große Hund in den nahen Fluss. Der Einsiedler sagte, er müsse im Dorf notwendige Sachen kaufen. Der Mann ging.

Der Hund kam triefend nass vom Fluss zurück.

Nach vielen Stunden war der Einsiedler noch nicht

zurück. Jonas wurde unruhig. Da sah er am Waldrand den weißen Bären.

Er ging hin. Der Bär weinte. Der Bär drehte sich um, trabte los und zeigte Jonas den Weg.

Nach einer guten Stunde entdeckte er den Einsiedler. Er lag erschlagen unter einem Busch. Das Blut war am Kopf angetrocknet. Aber er hielt seine Hände gefaltet.

Jonas kniete nieder. Er weinte. Er weinte um einen guten Menschen.

»Du musst ihn begraben«, sagte der Hund.
»Du musst für ihn singen«, sagte der Bär.
Jonas sang.

Es waren dieselben Worte, wie der Einsiedler sie gesungen hatte. Sie waren im Traum in ihn eingedrungen.

Als der Gesang zu Ende war, verwandelte sich der weiße Bär vor den Augen des Mannes in eine helle lichte Gestalt, die sich niederbeugte, den Toten auf die Arme nahm und mit ihm langsam im Wald verschwand.

»Er bringt ihn zur Königin«, dachte Jonas. »Ganz bestimmt, er bringt ihn zur Königin.«

Jonas wohnte nun in der Höhle. Er und der schwarz-weiße Hund wurden bald bekannt im ganzen Land. Kam ein armer Mensch zu ihm, dann zeigte er ihm die Perle, und jedesmal sprang eine kleine Perle in die Hand des Armen.

Kam ein Geängstigter zu ihm, dann zeigte er ihm den Kristall, und jedesmal sprang Hoffnung in die Seele des Geängstigten. Kam ein Kranker zu ihm, dann zeigte er ihm die Rose von Jericho, und jedesmal blühte das Herz des Kranken auf. Kam ein Kind zu ihm, dann zeigte er ihm den Traumfänger, und jedesmal stand neues Glück in den Augen des Kindes. Kam ein Suchender zu ihm, dann zeigte er ihm die Feder der Eule, und jedesmal wurde Weisheit im Gewissen des Suchenden geboren.

»Großvater, komm heraus!«, rief Jonas eines Tages in den Wald.
Der weiße Bär trat heraus.
»Zeige mir die Erfüllung der Zeit«, bat Jonas.
»Die alte Königin lässt dich grüßen«, sagte der Bär, »und sie lässt dir sagen, du hast noch viel Zeit.«

Da blieben sie beieinander, der Mann, der Hund und der Bär.
Und wenn ihr mich fragt, wo sie zu finden sind?
Am Ende des Weges. Ganz gewiss, am Ende des Weges.

Bis auf den heutigen Tag fliegen die Tauben mit der Botschaft der alten Königin in die ganze Welt und warten auf Menschen, die sie verstehen.

Der verlorene König

6 Minuten, ab 8 Jahren

»Es können ruhig fünf Könige sein!«, sagte ich zu den Kindern. Und sie waren begeistert. Denn das war die Idee: Am vierten Advent singen wir im Städtischen Krankenhaus.

Singen wollen ist eine Sache, singen können eine andere. Wir hatten uns für den »Quempas« entschieden, jenes alte Weihnachtslied, das man so gut mit verteilten Rollen singen kann. Ich erklärte den Kindern, dass der Gesang aus dem 14. Jahrhundert stammte, was ihnen großen Eindruck machte. Arno übernahm den Teil, wo es heißt: »Zu dem die Könige kamen geritten, Gold, Weihrauch, Myrrhen brachten sie mitten.« Arno war damals 11 Jahre alt. Er steigerte sich derartig in das Lied hinein, dass ich ihn bei den Proben stets bremsen musste. Maike, Erika, Stephan und Holger waren zurückhaltender. Sie galt es zu motivieren. Nach drei Wochen war ich der Ansicht, dass wir es wagen könnten. Arno sang zwar immer noch »Weinrauch« statt »Weihrauch«, und alle miteinander wurden mit den vielen alten Worten nicht fertig: »ein Wohlgefallen han« oder »das Vieh lasst stahn«. Was die »himmlische Hierarchia« sein sollte, blieb ihnen vollends fremd. Ich war schon froh, dass die Betonung klappte. Außerdem ist die Adventszeit immer viel zu hektisch, und so beschloss ich, den Auftritt zu wagen.

Die Verkleidung wurde kein Problem. Die Gewänder waren bald zusammengestellt, und die glitzernden Kronen saßen prächtig mit Hilfe von Sicherheitsnadeln, Klebeband und Klemmen. Nur Erikas Diadem rutschte fortwährend über die Ohren. Es gab Tränen. Doch immerhin: Die fünf Könige waren gerüstet, und ich hoffte, die Patienten würden ihr »Wohlgefallen han«, wenn sie unsere »himmlische Hierarchia« erblickten.

Die Stadt hatte inzwischen ihr festliches Gewand angelegt. Bunte Lichterketten durchglühten die schneematschigen Straßen, vereinzelt grüßten Tannenbäume in die Menschenmenge, die sich kaufsüchtig durch den Halbnebel schob. O du deutsches Weihnachten! Von Krippe keine Spur, dachte ich, und Arno sang im Fußgängertunnel: »Gold, Weinrauch, Myrrhen brachten sie mitten.« König Holger fiel der Länge nach hin. Ausgerechnet er trug die Tasche mit den Kronen, die plötzlich sehr alt aussahen. Erika begann hemmungslos zu weinen. Ich fühlte mich elend. So viel Kinderkummer auf einmal. Doch es gelang, die fünf Könige wieder in Gang zu bringen, und wenig später standen wir an der Pforte unseres Stalles; denn so hatte ich es den Kindern erklärt: Das Städtische Krankenhaus würde nun unser Stall von Bethlehem sein.

Als wir uns in der großen Eingangshalle befanden, sah ich, dass König Erikas Gesicht seltsam gestreift wirkte; denn sie war der Mohr, dessen schwarzes Gesicht durch die Tränen im Tunnel arg Schaden genommen hatte. Das machte nun nichts mehr. Schnell schlüpften die Kinder in Krone und Gewand, und schon waren wir unterwegs zur Chirurgischen. Das Singen gelang wunderbar, wenn man von Arnos Solo absah und auch davon, dass König Erika den Text vergessen hatte und die drei andern gar nicht erst mitsangen, weil sie wie gebannt auf geschiente Beine sahen. So hielt ich allein durch, gestützt von meiner Gitarre, die ich mit klammen Fingern bediente. Bei den »Inneren Frauen« allerdings waren wir wirklich ein kleiner Chor, und bei den »Inneren Männern« schwamm ein Hauch von Weihnachtsstimmung durch die Räume. Auf dem Weg zur »Hals-, Nasen- und Ohrenabteilung« sahen wir das Schild »Kindern ist der Zutritt untersagt«. Ich erklärte meinen Königen, dies sei die Kinderstation, und den kleinen Patienten dürften keine ansteckenden Krankheiten hineingetragen werden. Mir fiel einfach keine bessere Erklärung ein.

Bei den Hals-, Nasen- und Ohrenpatienten gelang uns der »Quempas« besonders gut. Ich atmete auf. Das war also geschafft. Der freundliche nigerianische Assistenzarzt bedankte sich bei den Kindern und sang zu deren großer Freude ein Weihnachtslied in englischer Sprache: »The Virgin Mary had a baby boy ...«

König Erika belohnte ihn dafür mit ihrer Krone. In diesem Augenblick bemerkte ich, dass König Arno fehlte. Mit Rücksicht auf die Patienten riefen wir nur leise nach ihm. Dr. Tuburu, der Arzt aus Nigeria, schloss sich der Suche an. Arno war nirgends zu sehen, zu hören oder gar zu finden. Ich wurde unruhig. Wir telefonierten mit der Pforte. Nichts. Wir fragten Schwestern, die uns auf den Fluren entgegenkamen. Nichts. Wir suchten natürlich auch die Toiletten ab. Nichts. König Arno war verschwunden. Ich machte mir Vorwürfe. Wildfremde Menschen sprachen wir an, nervöse Krankenhausbesucher. Nichts! So etwas wie Panik kam auf. Wir fuhren mit dem Aufzug hinunter und wieder herauf. Kein König Arno. Inzwischen waren wir eine richtige »Posse« wie man wohl im Wilden Westen eine Suchmannschaft bezeichnet. König Maike hielt krampfhaft meine Hand fest.

Da – wir blieben wie angewurzelt stehen, da hörten wir eine Stimme: »Zu dem die Könige kamen geritten, Gold, Weinrauch, Myrrhen brachten sie mitten!« Das konnte nur König Arno sein. Wir gingen dem Klang nach und gerieten auf diese Weise trotz des Verbotsschildes auf die Kinderstation. Der verlorene König stand mitten in einem Vierbettzimmer, sang aus Leibeskräften, verteilte dabei die Süßigkeiten, die eigentlich für die Sänger gedacht waren, und strahlte. Ich musste schlucken. Da war das Krankenhaus doch tatsächlich zum Stall von Bethlehem geworden.

Erinnerung
Ab 10 Jahren

Sie standen gemeinsam im Stall: ein Pferd, ein Ochse, ein Rennauto und ein kleiner Esel.

»Eins will ich euch sagen«, begann das Pferd, »meine Vergangenheit lässt euch vor Neid erblassen. Eine Linie meiner Vorfahren lässt sich auf die berühmten Stuten des Propheten zurückführen, eine andere Linie reicht bis zu den Lipizzanern, eine dritte führt zu den Trakehnern, und schließlich habe ich das Blut der Kavallerie Napoleons in mir.«

»Als ich noch Stier war«, begann der Ochse, »war ich stolz darauf, dass sie mich als Goldenes Kalb gossen. Als ich Ochse wurde, verband ich mit meiner Tradition den Aufstand der Nubier.«

»Typisch Ochse«, wieherte das Pferd.

»Ich fuhr die großen Rennen«, begann das Auto. »Auf dem Nürburgring, in La Panne und überall in der Welt. In mir saß der große Manuel Fangio. Könnt ihr euch das vorstellen?«

Und so fuhren sie fort, sich ihrer Vorfahren zu rühmen, obwohl das Pferd hinkte, der Ochse auf einem Auge blind war und das Rennauto keinen Motor mehr hatte.

»Was ist mit dir, du Esel?«, wandte sich das Pferd an den Grauen.

»Nichts weiter«, antwortete der leise, »aber einer meiner Vorfahren trug das Christkind.«

Deutehilfen

Fabeln und Märchen

Wir kennen die Fabel als literarische Gattung.
Rund um die Erde wurden und werden Fabeln geschrieben, gelesen und erzählt. In Europa haben wir eine geradezu fabel-hafte Geschichte mit Namen wie Archillochos, Äsop, Luther, Melanchthon, Goethe, La Fontaine, Thurber und ungezählte mehr.

Die Fabel ist wie eine kleine Bühne, wie ein literarisches Kabarett: Der Vorhang geht auf, und kleine Figuren erscheinen in Gestalt von Tieren, Pflanzen, Gegenständen, auch Menschen, zuweilen Buchstaben, Melodien, Wolken, Gebäuden und Symbolen.

Erzählt wird stets eine kleine Geschichte, teils liebenswürdig, teils frech, und der Leser merkt sofort, dass die Figuren stellvertretend für den Menschen stehen: für seine Schwächen, Süchte, Heimlichkeiten, Begabungen, Hoffnungen, Charakterzüge, Eigenarten.

Ein Theater en miniature spielt sich ab. Meistens lässt sich der Leser von der kleinen Geschichte faszinieren und vom Geschick der handelnden Figuren gefangen nehmen. Dann aber kommt es zur überraschenden Pointe, zur »Moral«, und im selben Augenblick erkennt der Leser, dass er selber gemeint ist. Die erzählte Geschichte tritt in den Hintergrund, die Erkenntnis aber bleibt.

So lassen sich alle Fabeln lesen, vorlesen, malen, spielen oder in ein Hörspiel verwandeln.

Übrigens: Ein Meister der Fabel, des Gleichnisses und der Parabel war Jesus aus Nazareth.

Watteweiche Wolke – wolkenweiche Watte

Das Märchen ist kurz.

Kinder und kindliche Zuhörer erleben die Wolke als Fahrzeug der Träume, die im unwirklichen Licht sowohl die Sehnsucht nach dem Fliegen beantwortet, aber auch die biblische Bedeutung von Verhüllung und Offenbarung darstellt, allerdings im sehr kindlichen Sinn.

Rund um diese Erde erlebt die kleine Katharina Begegnungen mit Tieren.
    Sie wundert sich, sie gerät ins Staunen, sie kann mit den Tieren sprechen. Jubel und Dankbarkeit, Einsicht und Verantwortung wachsen bei dem Mädchen.

Die Tiere ernennen das Kind zum Anwalt des Lebens für die Zukunft. Das Kind wehrt sich nicht.

Abrupt wird sie geweckt.
    War alles nur ein Traum?
    Und wenn schon? Ist nicht jeder Traum ein Schritt zur Wirklichkeit?

Das Märchen kann gut eingesetzt werden:
a) in einer leisen Stunde im Kindergarten morgens.
b) in einer leisen Stunde in der Schule morgens.
c) als Gute-Nacht-Geschichte abends.
Musik und Kerzenschein sollten dazugehören.

Die vier Schlangen

Es geht um den Traum von Gerechtigkeit.
 Dieses Märchen lässt sich gut in einem Zuge vorlesen.
 Letzten Endes geht es um das Hiob-Thema, um die Behauptung Satans, dass auch der beste und frömmste Mensch bestechlich sei. Sein Glaube reicht nur so weit, wie es ihm gut geht.
 Der Zustand unserer Welt spricht Bände.
 Ein alter Mann und eine alte Frau nehmen das Thema auf. Sie treffen sich außerhalb der Stadt, außerhalb der Urbanität, außerhalb der Gesellschaft.
 Es geht ihnen um Gerechtigkeit, die am großen Baum der Ewigkeit in einer Schale der Hoffnung hängt.
 Nun wird die Geschichte zum Märchen.
 Vier Schlangen bewachen die Gerechtigkeit:
 Selbstsucht, Gewalt, Gemeinheit und Hass.
 Nun schicken sie Menschen los, um den Traum von der Gerechtigkeit zu holen.
 Aber die Menschen sind bestechlich, sie versagen.
 Nur ein Kind kommt Schritt für Schritt weiter.
 Gesang, Blumen, Tänze, Geschichten und Träume werden zu Signalen.
 Ostern ist der Termin, wo die beiden Alten zu ihrer Erkenntnis finden.
 Die Augen der Kinder! Spiegel der Hoffnung.

Dieses Märchen führt vor allem ins Denken und in die Nachdenklichkeit.
 Dazu braucht man vor allem Zeit.
 Eine Bildcollage und eine Musikcollage könnte Kindern sehr helfen, die nicht leichten Begriffe zu begreifen.

Momme und die Muschelfrau

Ein Junge begibt sich auf die Suche nach dem Frühling, nach Sonne und Wärme, nach Licht und Fröhlichkeit.
Die Geschichte wird sofort zum Märchen.
Momme klettert auf den Regenbogen, altes Bundeszeichen der Noahgeschichte: Frieden! Frieden!
Ein Zaunkönig wird zum Begleiter, ausgerechnet der Kleinste, der Zwerg, 3 Gramm leicht.
Sie sind auf der Suche nach der Muschelfrau.
Die Muschel als Symbol des Pilgers.
Die Muschel als Symbol für Verschlossenheit und Perle.
In einem Naturschauspiel sondergleichen kommt es zur Geburt des Frühlings, des neuen Lebens.
Eine kleine Frau ist zu sehen, Inbegriff von Schönheit und Leben.
Das Märchen kehrt nun zurück in die Wirklichkeit.
Momme wacht auf.
Er hat nichts in der Hand.
Aber draußen ist Frühling.

Ferien oder Freizeit am Strand, Ferienhaus oder bunte Natur, Orte und Gelegenheiten, eine Exkursion in die Pracht der Schöpfung zu riskieren. Film- oder Foto- oder Malwettbewerb könnten sich anschließen.

Der Graue Wüterich

Man könnte meinen, dies sei ein Umweltmärchen. Stimmt auch. Aber es ist mehr: Rettet die Schöpfung. (Psalm 8)
Das Märchen lässt sich in einem Zuge vorlesen.
Kinder leben in Duzfreundschaft mit den Geschöpfen.
Sie lieben ihr kleines Paradies und wissen es zu schätzen.
Der graue Wüterich kommt über den Berg.
Hier beginnt das Märchen. Mag man an einen Chemieriesen denken oder an etwas anderes; das ist nicht wichtig.
Es geht um die lauernde Bedrohung einer Oase.
Rücksichtslos erobert der Riese das Tal.
Die Erwachsenen reagieren devot und unterwerfen sich.
Die Kinder aber leisten Widerstand mit ungewöhnlichen Mitteln.
Die Tiere helfen gern.
Schließlich wird der Riese schwach und erntet Gelächter, die schlimmste Waffe gegen Riesen.
Der Riese verliert.
Graue Gesichter bekommen wieder Farbe.
Die Nachtigall singt wieder, und das Himmelsschlüsselchen läutet.

Vergehen an der Schöpfung bedeuten Lästerung des Schöpfers.
Von der begeisterten Erkenntnis bis zur begeisternden Maßnahme reichen hier die Möglichkeiten für Kinder.
Bekenntnis und Zivilcourage und vor allem das Bündnis mit den Geschöpfen können nicht nur besprochen, sondern nachgespielt werden. Auch Aktionen können die Folge sein.

Kasimir und Benjamin

Die Stadt. Die Welt. Kalt. Beziehungslos.
Die Verantwortlichen stellen die typischen Überlegungen an: »Man müsste ...«
Stelzig, dogmatisch, gesetzlich werden Pläne geschmiedet. Aber der alte Johann, der immer übersehen wurde, hat eine Idee. Nun beginnt das Märchen, das man gut in einem Zuge vorlesen kann.

Kasimir und Benjamin werden gewonnen.
Der Clown als heilender Helfer.
Er hat ungewöhnliche Erkennungszeichen.
Die Gestalt erinnert an Christus.
Dann kommt er, der König des Lächelns und des Gelächters. Einer, der das Wunder der Befreiung bewirkt.
Die erstarrte und verkrustete Gesellschaft kommt in Bewegung, ins Tanzen, ins Schwingen, ins Singen. Das Wunder, das der Clown bewirkt, bringt ihm den Tod.
Der alte Johann übernimmt das Erbe. Niemand merkt es.
Typisch für die gleichgültige Gesellschaft, aber das Wunder bleibt in der Stadt.

Dieses Märchen braucht kaum gedeutet zu werden.
Es trägt die Deutekraft in sich.

Den großen und den kleinen Clown kann man gut spielen.
Die »ehrwürdigen« Leute in der Stadt auch.
Das befreiende Lachen, Singen und Tanzen ist ebenfalls nachspielbar.
So könnte man das Märchen am Mikrofon erzählen, während Kinder oder Jugendliche spielen (auf Festen und Feiern).

Der schwarze Elch

Ein junger Mensch findet sich in seiner Welt nicht mehr zurecht.

Die Vergangenheit ist abgebrochen, also auch die Tradition. Daher der Bruch mit dem Vater und daher die Trauer der Mutter.

Der junge Mann zieht sich zurück. Innerlich sucht er die Quelle des Lebens. Er sucht Gott.

Deshalb bricht er aus und sucht seinen Weg.

Die Stürme, die er erlebt, und die hohen Wellen, die der Fjord schlägt, sind Abbilder der Stürme und Wellen in seiner Seele.

Da begegnet er dem sagenumwobenen schwarzen Elch.

Sekunden entscheiden darüber, ob der Befehl des Königs oder aber die Ehrfurcht vor dem Leben siegt.

Der junge Mann entscheidet sich für die Ehrfurcht.

Es wächst eine geradezu zauberhafte Freundschaft zwischen Mensch und Tier.

Eine mühselige Wanderung führt den jungen Mann näher ans Ziel. Der Elch weiß um das Geheimnis des Lebens.

Schließlich wird er von fremden Jägern getötet.

Für die Augen anderer sind Mensch und Geschöpf nun eine Einheit.

Auf der Höhe des Berges erfüllt sich das Lebensziel:

Familie, Frieden und die bleibende Versöhnung mit der Schöpfung.

Das Märchen könnte anschließend in ein Gespräch über das Gleichnis vom Verlorenen Sohn münden.

Lena

In der Trübsal und Armut, in der Einsamkeit und Härte des Lebens wächst bei Lena die Sehnsucht nach einer ganz anderen Welt, nach einem Paradies.

Paradiesvogel, Paradiesfisch spielen eine wegweisende Rolle auf einem beschwerlichen Weg der Versprechen, des Verzichts und der Prüfungen.

Lena verliert die Sprache, den Geruch, das Gesicht und wird der Obhut des Paradiesflusses überlassen.

Dann übernehmen die Paradiesäpfel die Führung, und Lena verliert den Geschmack.

Die Begegnung mit Menschen, mit einem Kind und einem Mann, wird zu einer bitteren Enttäuschung.

Schließlich gerät Lena ans Paradiesgärtlein. Hier verliert sie das Gefühl.

Sollte hier das Paradies sein? Lena geht durch ein Tor, kostet von der Paradiesfrucht, verliert das Gehör, gewinnt aber die Augen zurück.

Da war das angebliche Paradies: Gläserne Kästen mit Menschen drin. Glitzerwelt, Kälte, Gefängnis ohne Sinne, ohne Sinn, ohne Wahrnehmung, ohne Gemeinschaft. Lena schreit: Das ist nicht das Paradies.

Hier wacht sie auf aus ihrem Traum. Sie ist zu Hause.

Wer dieses Märchen mit Einzelnen oder Gruppen besprechen will, sollte die Teilnehmer auf Entdeckungsreise gehen lassen. Dann entsteht von ganz allein das Mosaik der Erkenntnisse vom angeblichen Paradies.

Der Hauch der Steinschwestern

Das Märchen lässt sich gut in einem Zuge vorlesen.
  Die so genannten »schweren Worte« können zunächst ruhig als Geheimnis stehen bleiben.
- Die Zuhörer werden in eine fremde Welt geführt.
- Sie werden auch in eine fremde Situation geführt.
- Sie lernen einen jungen Mann kennen, der aufbricht, um den Sinn des Lebens zu finden.
- Er vermittelt Dankbarkeit und Bescheidenheit, aber nicht als moralische Kategorien, sondern als Werte von Erkenntnis und Erfahrung.
- Zwei alte weise Männer spielen hier eine orientierende Rolle.
- Die Zuhörer werden auch mit in die Buntheit der Schöpfung und in das Staunen und Warten genommen.
- Segen und Hoffnung werden zu Begleitern.
- Die Steinfigur entsteht: Schwestern.
- Die Steinschwestern werden lebendig. Es kommt zur Begegnung mit den Kindern der großen Stadt.
- Der Spinnenmann, der Teufel, feixt. Seine Berührung macht die Kinder krank.
- Die Schwestern sind die vitalen guten Kräfte Gottes.
- Die märchenhaften Vögel sind Gebete und Engel.
- Wunderbare Milch: neues Leben.
- Sturm und Wasser versinnbildlichen die Flut der Angst.
- Das Wunder-Tuch der Schwestern ist Obhut und Geborgenheit.
- Der Hauch in die Hände der Kinder führt zu Glaube und Hoffnung.
  Der Spinnenmann ist besiegt.

Die Entdeckungsreise in dieses Märchen führt zu eigenständigen Assoziationen, die Bilder werden zu Erkenntnissen. Man sollte das Märchenhafte nicht auflösen, wohl aber seine Geheimnisse entschlüsseln.

Das Märchen eignet sich besonders für Winterabende, auf Freizeiten oder Klassenfahrten, am Krankenbett oder im Urlaub. Malen oder Nachspielen sind gut möglich.

Die Goldene Kugel

Wieder ein Märchen, das man in einem Zuge vorlesen kann.

- Das Märchen beginnt in der Wirklichkeit: Familie, Haus, Meer, Kirche, fröhliche Kinder, verliebte Eltern. Heile Welt.
- Aber ein Unglück veränderte den Vater. Der Fischer verstummte, vereinsamte.
- Nun betritt dieser Mann den Raum des Märchens, und die Zuhörer müssen von jetzt an sozusagen mit jedem Ohr anders hören: Märchen und Wirklichkeit werden miteinander verwoben.
- Die Sehnsucht nach der goldenen Kugel wird zur Besessenheit, zum Wahn, zur Dämonie, zur Verwirrung. Gelegentliche Heimkehr, zunehmendes Trinken, Vernachlässigung von Frau und Kindern: Alles wird zur Last dieses armen Menschen, der ja nur sein altes Versprechen einlösen wollte: seiner Frau die goldene Kugel zu bringen, den riesigen Bernstein.
- Frau und Kinder stehen der Entwicklung hilflos gegenüber.
- Nebel, Spinnweben, Drähte, fressende Igel werden fast zu Symbolen.
- Die irre Sehnsucht nach der goldenen Kugel, also nach der Befreiung aus der Not, bringt den Mann dazu, Dinge zu verwechseln – Mond, Strohballen, Laterne usw. Er wird zum gejagten Jäger. Als er an Ostern nach Hause kommt, erkennt er nichts mehr. Ausgerechnet Ostern, das Fest der Auferstehung, erkennt er nicht.
- Die untergehende Sonne hält er für die goldene Kugel. Selbst der Sohn kann ihn nicht zurückrufen. Der Fischer stirbt. Doch zu Füßen des Sohnes liegt der große Bern-

stein im Wasser. Der Traum ist Wirklichkeit geworden. Nun kann die Wirklichkeit zum Märchen werden.

Dieses Märchen eignet sich besonders für vertiefende Gespräche. Man könnte Kinder auch ermuntern, das Märchen zu illustrieren.

Der mohnrote Reiter

Dieses Märchen sollte man vielleicht besser in zwei oder drei Abschnitten vorlesen.
   Kinder spielen in diesem Märchen eine wichtige Rolle.
   Eine weise Frau und ein alter Mann aber sind die Schlüsselfiguren.
   Wieder ist die Wirklichkeit, gleichsam der Alltag einer »Zigeunersippe«, der Einstiegsraum.
   In diese Erzählung wird nun eine weitere Erzählung eingeführt. Das Märchen steuert eine neue zeitliche Vertiefung an.
   Die drastischen Bilder, in Stakkato gesetzt, lassen sich hören, malen, trommeln.
   Der Krieg nimmt Gestalt an, wie auf einer großen himmlischen Leinwand. Die Faszination der Waffe vernichtet die jungen Männer.
   Hier sollte man das Märchen im Märchen lassen oder das Bild im Bild; denn jungen Zuhörern wird unmittelbar deutlich, welche Bedeutung die Bilder haben.
   Tod und Trauer sind die Folgen.
   Zeit und Ewigkeit begegnen sich.
   Nur eine Flöte stammelt: Heidarandei.

Ein intensives Gespräch kann sich anschließen, wenn man die Kinder vorher gebeten hat, das Märchen mit geschlossenen Augen anzuhören. Alle liegen dabei auf Wolldecken auf dem Boden. Das Gespräch ruft dann die Erlebnisbilder ab.

Lisas Engel

Das Märchen hat Räume und Stationen. Deshalb kann man es besonders gut den einzelnen Abschnitten entsprechend vorlesen. Die entstehenden Denkpausen machen neugierig und solidarisch: Wie geht es mit Lisa weiter?

– Der Zuhörer betritt zunächst den Vorraum des Märchens, eine Station der Wirklichkeit: Stadt, Straße, Fest, Familie, Unfall, Hilflosigkeit, Alkohol, Isolation, Angst, Ekel, Flucht. Die Suche nach einem Wunder. Eine alte Frau und ein alter Mann spielen eine helfende Rolle.

– In der großen Stadt. Lisas Begegnung mit den Zwergen, mit den Belächelten und Verlachten. Ausgerechnet Zwerge helfen ihr im Kampf gegen den Riesen Angst. Die Frömmigkeit der alten Frau sitzt Lisa tief im Herzen. Wesentlich wird nun die Vorstellung von Engeln. Engel und Wunder gehören zusammen. Lisa gewinnt Hoffnung durch den nächtlichen Zirkus. Bedeutung des Clowns (vgl. 1. Korinther 4, 10). Das Unwirkliche, Lächerliche, Überwältigende, Strahlende verwandelt Lisas Wirklichkeit und ist darin schon ein Wunder.

– Lisa begegnet den heiligen Bettlern (vgl. im Gegensatz Matthäus 2). Wieder sind es Außenseiter, Brückenbewohner, Kartonmenschen, die das Kind in den Arm und in den Glauben nehmen. Die Diskussion mit dem Pastor führt in die Begegnung mit dem Kreuz.

– Ein Blinder sieht! Ein Blinder weist den Weg. Diese Gestalt wird zu einer flüchtigen Begegnung mit Franz von Assisi. Armut und Dankbarkeit. Doch nun wird ein Kind geboren, und Bethlehem findet unter der Brücke statt. Lisa erlebt die Bedeutung des Schenkens und Verschenkens mit Bernstein, Schwalbe und Ring (vgl. Gold, Weihrauch und Myrrhe).

– Die nächste Station zeigt Lisa wiederum bei Außenseitern: bei Sinti und Roma. Wildheit und Güte, Zauber

und Märchen nehmen Lisa gefangen. Sie lernt Singen, Tanzen und Dienen. Mitten in dieser Märchenstation hört Lisa einen Wirklichkeitsbericht, der wieder fast wie ein Märchen klingt: Minkas gute Tat und heimliche Vorsorge: *Ein Kind rettet eine ganze Familie.* Hier lernt Lisa viel über Himmel und Erde, vom Geheimnis des Lebens und von der Bedeutung des Todes.
– Lisa will zurück. Der Reichtum an Wundern und Engeln gibt ihr die Kraft. Nun begegnet sie einer kleinen Puppenbühne, und die Erinnerung an die Zwerge wird wieder wach.
Der kleine Puppenspieler hebt Lisas Leben auf die Bühne. So kann sie sich selbst zuschauen, und sie kann streckenweise mitspielen. An der Marionette wird ihr klar, wie eben auch Menschen an Fäden hängen, gezogen werden und nicht frei sein können.
»In deinen Träumen hast du viele Flügel. Da bist du frei.«
Die Heimkehr wird beinahe tödlich in Sturm und Schnee.
Lisa benutzt den Zauberring, der zum Gebet wird.
Wie von Engeln geführt, geht die Mutter ihr entgegen.
Lisa wird gerettet.
Lisa erfährt, dass sie zwei Jahre fort geblieben war.
Geführt und behütet von Engeln, gestützt und geliebt von Zwergen, Bettlern, Außenseitern und vor allem alten Menschen.
So verlässt der Zuhörer an dieser Stelle das Märchen und betritt nun wieder den Vorraum.

Man könnte zwischen den Abschnitten des Märchens gut Musik einspielen, vielleicht ein stets wiederkehrendes Mundharmonikamotiv. Oder aber die zuhörenden Kinder musizieren selbst.

Der Zaubertraum

Die Zuhörer erleben Heiligabend, die Bedeutung der Tiere und die Weihnachtsgeschichte.

Jonas erlebt die Geschichte mit, er wird aber als Träumer verlacht.

Nur die Großmutter hat Verständnis: Träume sind Suchbilder der Seele.

Man kann dieses Märchen gut in einem Zuge durchlesen.

Die weise Großmutter setzt den jungen Mann auf die Spur. »Träume sind kostbare Geschenke.« Dann ist Gott ganz nahe.

– Zusammen mit seinem großen Hund macht Jonas sich auf den Weg.
– Beinahe erinnert die Situation auf dem Schiff im Sturm an den Propheten.
 Aber nicht ein Wal wird zum Retter, sondern der Hund.
– Der Weg führt weiter. Begegnung mit einem jungen Hirten.
 Im Unwetter kommt es zum Unglück.
 Wieder wird der Hund zum Retter. Aber die Zuhörer erkennen längst, dass Jonas und der Hund eine Einheit sind.
 Auch die Wahl der Geschenke kennzeichnet den jungen Mann: Muschel, Stein, Rose von Jericho, Feder der Eule. Und diese Geschenke verwandeln sich in mehr, und sie werden zunehmend zu heilenden und helfenden Geschenken.
– Immer wieder begegnen sich in diesem Märchen Wirk-

lichkeit und Traum, als wollten sie beide miteinander reden oder spielen.
So wird auch die Situation der Gewalt gelöst.
– Der weiße Bär wird schließlich zur Schlüsselfigur, Symbol der Maria im Neuen Testament. So wird Jonas zur Mutter Erde geführt, in die Welt der bunten und singenden Schöpfung.
Mutter Erde lässt ihn dicht an sich heran und ernennt ihn zum Botschafter ...
– In der Höhle, im Geheimnis kommt das Märchen zu seiner Spitze: zur Begegnung mit dem Einsiedler, mit Kreuz und Gebet. Jonas erlebt einen Wunder-Hymnus. Tod und Auferstehung werden im Bild erlebt.

Das Märchen hat Erlebnis- und Erkenntnisstationen. Die können gut markiert werden.

Vor allem lässt sich herausstellen, wie Kinder zu Botschaftern von Mutter Erde werden können.

Eine Gruppe oder eine Klasse oder eine Familie könnte sich dazu ein Symbol aus dem Märchen wählen: Muschel, Feder usw. als eine Art Erkennungszeichen.

Die Deutsche Bibliothek – CIP-Einheitsaufnahme
Ein Titeldatensatz für diese Publikation ist bei
Der Deutschen Bibliothek erhältlich.

1 2 3 4 5   06 05 04 03 02

© 2002 Kreuz Verlag GmbH & Co. KG Stuttgart, Zürich
Ein Unternehmen der Verlagsgruppe Dornier
Postfach 80 06 69, 70506 Stuttgart, Tel. 0711-78 80 30
Sie erreichen uns rund um die Uhr unter www.kreuzverlag.de
Umschlagbild: Rüdiger Pfeffer, Versmold
Umschlaggestaltung: Atelier Reichert, Stuttgart
Satz: de·te·pe, Aalen
Druck und Bindung: GGP Media, Pößneck

Die Schreibweise entspricht den Regeln
der neuen Rechtschreibung.

ISBN 3 7831 2115 9